YAO MING

姚明的故事

王艳娥◎主编

榜样的力量

榜样的力量是无穷的，好的榜样能给我们积极的思想、正确的行为、良好的习惯、完善的人格。树立了榜样就等于找到了自己前行的方向。

榜样是无比强大的力量源泉。

北方妇女儿童出版社

图书在版编目（CIP）数据

姚明的故事 / 王艳娥编著. -- 长春：北方妇女儿童出版社, 2010.3（2021. 1重印）
（榜样的力量）
ISBN 978-7-5385-4467-1

Ⅰ. ①姚… Ⅱ. ①王… Ⅲ. ①姚明-传记-少年读物 Ⅳ. ①K825.47-49

中国版本图书馆CIP数据核字(2010)第045457号

姚明的故事

YAOMING DE GUSHI

出 版 人：刘 刚
责任编辑：张 力　刘聪聪　于 潇
开　　本：650mm×960mm　1/16
印　　张：12
字　　数：128千字
版　　次：2010年3月第1版
印　　次：2021年1月第6次印刷
印　　刷：三河市三佳印刷装订有限公司
出　　版：北方妇女儿童出版社
发　　行：北方妇女儿童出版社
地　　址：长春市福祉大路5788号
电　　话：总编办：0431-81629600

定　　价：33.80元

序言

“江山代有才人出”，在人类历史的长河中，涌现出一大批影响世界的风云人物。他们或者是杰出的政治家，凭着超乎常人的坚强毅力为国家和民族的前途引路；或者是卓越的科学家，为探索自然奥秘、改善人类生活而不懈努力……总之，他们由于在某一方面做出了杰出的贡献，已成为历史长河中的航标，引领着人类走向更加深邃的精神世界和更加精彩的物质世界。

这套丛书不仅告诉你名人成功的事实，更重要的是展示他们奋斗的历程，展现他们在失败和挫折中所表现出的杰出品质，从中我们可以吸取一些有益的精神元素。

这套丛书具有以下几个特点：

一是人物全面。本套丛书精心选取了从古至今全世界40位具有代表性的政治家、科学家、文学家、艺术家……这些人物均在各自的领域做出了卓越的贡献，对人类历史产生了重大影响，因此被广为传颂。

二是角度新颖。本套丛书不是简单地堆砌名人的材料，而是选取他们富有代表性或趣味性的故事，以点带面，从而折射出他们波澜壮阔、充满传奇的人生和多姿多彩、各具特点的个性。

三是篇幅适当。每篇传记约10万字，保证轻松阅读。本套丛书线索清晰、语言简洁、可读性强，用作学生的课外读物十分理想，不会加重他们的负担。

四是一书多用。本丛书是一部精彩的名人故事集锦，能够极大地开阔青少年的视野，同时还可以作为中小学生的写作素材库。

培根说：“用名人的事例激励孩子，胜过一切教育。”榜样的力量是无穷的，而名人是最好的榜样，向名人看齐，你将离成功更近！

人物导读

姚明的影响力已经远远超出篮球运动本身，他是全中国青少年共同的精神偶像。更加难能可贵的是，他的故事是真实的。姚明不是凭借华丽的辞藻、媒体的炒作编织出来的国人骄傲，而是一个活生生的，与我们处在同一时代的普通人。正因为如此，他的成功带给我们的启迪就更加发人深省。

标志性的寸头，线条分明的面部轮廓，低沉的声线，即使不打篮球，凭着睿智的头脑和认真的态度，他同样也能成为一个杰出的人。帮热门动画片配音，拥有自己品牌的餐厅，喜爱电玩，面对闪光灯总会冒出一连串值得玩味的幽默。不知从什么时候起，姚明已经成为人们眼中值得学习与效仿的好榜样！

对篮球运动来说，身高是姚明成功的重要因素之一；但在球场上，仅有天赋是不够的。姚明的每一点成就，都是通过个人的努力拼搏和不懈奋斗赢得的。2000年，姚明就率领上海大鲨鱼队向CBA总冠军发起挑战。在历经三年的挫折失败以后，他最终在2002年获得成功，创造了中国篮球史上闻所未闻的神话：一个人打败一个王朝。

此外，姚明对待生活与财富的态度，也令人欣赏。他那奋进努力的态度，机智幽默的个性，赤诚的拳拳爱国之心，都足以成为我们学习的楷模。

CONTENTS 目录

CONTENTS

第五章 光荣与梦想

第六章 七彩生活，多面姚明

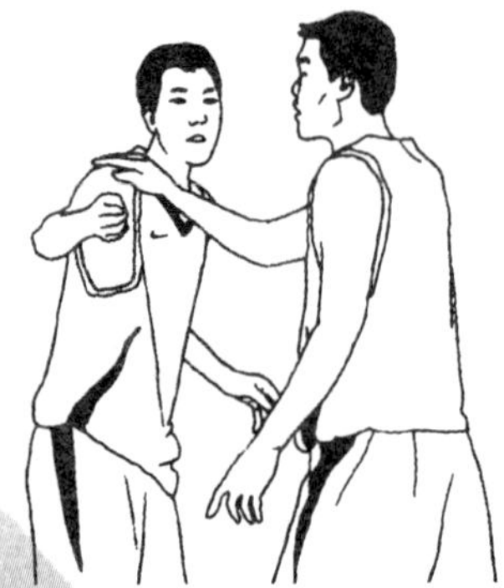

第一章

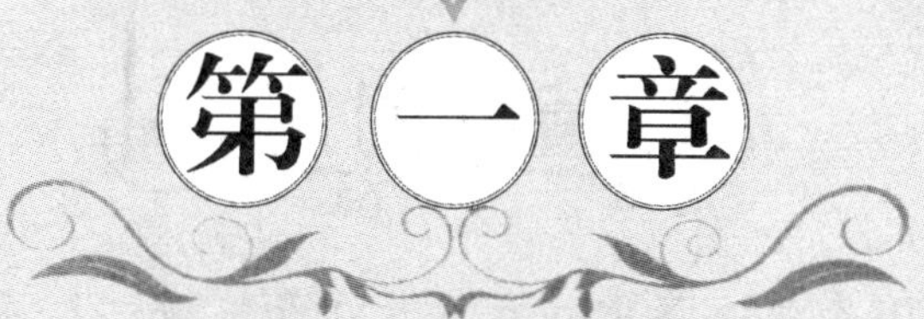

闪光的青春

◆ 童年时光

◆ 体校岁月

◆ 崭露头角

◆ 上海队的“秘密武器”

童年时光

在中国南北海岸中心点，长江和钱塘江入海汇合处，镶嵌着一颗璀璨（cuǐ càn）夺目的东方明珠——上海。上海不仅是我们国家人口最多的城市，也是最重要的科技、贸易、金融和信息中心，同时更是一个世界文化荟萃交融之地。

1980年9月12日晚上7点，一声清脆的啼哭声打破了上海市第六人民医院的静谧，也宣告了一个新生命的诞生。新生儿是个男婴，小家伙刚呱呱坠地就在医院里引起了不小的轰动：体长接近0.6米，体重更是足足达到了5公斤，远远超过了普通的新生婴儿。

这个刚刚降临人间的小男孩就是日后叱咤（chì zhà）世界篮坛的巨星——姚明。

姚明出生在一个篮球运动世家，父母亲都是曾经名噪一时的运动员。父亲姚志源，身高2.08米，曾经效力于上海男篮，退役之后在一家海港工程公司工作。在上海队打球时，姚志源身披15号战袍。有趣的是，当姚明成为上海大鲨鱼队成员的时候，身披的球衣也是同样的号码。

姚明的母亲名叫方凤娣，是著名的篮球国手，曾任中国国家女子

篮球队的队长。1976年，她带领女篮的姑娘们历史上第一次赢得了亚锦赛的冠军，在中国体育史上留下了浓墨重彩的一笔。别看姚妈妈平时很温柔，可身高1.88米的她在球场上拼劲十足，左冲右突，毫不畏缩。除此之外，姚妈妈还很会做饭——馄饨、鸡汤都是她的拿手菜，真可谓是心灵手巧。

姚明是家中的独子，一家人住在上海市康平路95号体委宿舍楼一套定做的公寓房里，身边的邻居也大都是上海体委的职工。在那栋普通的宿舍楼里，姚明度过了自己的童年和少年时代。长长的走廊，就是姚明和小伙伴们玩耍的乐园。

因为一家人个子都很高，所以，在日常生活中免不了会有一些麻烦。比如：每一张床都需要加长，衣服自然也得定做。淋浴头、桌子，甚至连马桶都是特制的。姚明小的时候，穿的一般都是爸爸的旧衣服，破了就在上面打上补丁，或者干脆直接买大人的衣服来穿。

童年时代的姚明天资聪颖，深得父母宠爱，学习成绩也经常在班级中名列前茅。如果说小姚明有什么心事的话，那就是他的个子长得实在太快了。过四岁生日的时候，姚明就比一般八岁的孩子还要高，个头已经长到1.2米，体重更是达到了27公斤。当其他和他一样大的孩子坐公车还免费时，他就已经买全票了（按当时规定，1.2米以下的儿童免费乘公交车）。姚明几乎不记得自己有免费乘车的时候，因为他在上幼儿园的时候身高已经有1.47米。十岁的时候，姚明的个子长到了1.65米，比很多高年级的同学个子还高出了半个头。

开始的时候，姚明并不在意。可是当他长大一些之后，

就开始为自己长得太高在日常生活中遇到的麻烦感到烦恼。有时候，有些调皮的同学还拿姚明的个子寻开心。每当这时，父母总会耐心地开导他。

为了让姚明吃饱穿好，他的父母可以说是操尽了心。小时候的姚明食量大得惊人，一只红烧蹄膀一顿饭就能被他“消灭”掉。虽然姚明的饭量差不多是一般孩子的两倍，但是因为身体一直长得飞快，营养还是会跟不上。

父母节衣缩食，尽力让姚明吃得更好一些。有一次，爸爸从菜市场买回一条鱼，妈妈把鱼最好的中段给了姚明，鱼头给了爷爷，尾巴给了爸爸，自己却一筷子也没有吃。

幸好，在姚明的成长时期，许多好心人都给了他莫大的帮助。20世纪80年代，我们国家的牛奶产量不像今天这般富足，大家都是限量供应。爸爸和妈妈经常会为姚明得不到满足成长所需要的营养发愁。一次，姚明的爸爸在火车上遇到了一位在上海牛奶厂工作的朋友。当他在闲聊中讲起自己饭量惊人的儿子时，他朋友当即表示愿意提供帮助。以后几年，姚明家都会得到一份额外供应的牛奶。而每当周围的邻居们做了什么好吃的，也总忘不了给姚明留下一份。在周围人的关照、帮助下，小姚明一天一天长大成人，个头也继续不断攀升。

虽然是家中独子，但姚明并没有受到一味的溺爱。从小时候起，父母就注意帮助他养成好的习惯，希望把姚明培养成为一个对国家和社会有用的人。所以，姚明从小就乐于助人，经常帮助叔叔阿姨们做一些力所能及的家务活。

姚明的性格很温和，从来不欺负一起玩耍的小朋友。当时，和他玩得最好的要数张窗、王佳音、孙怡以及孙家传了。张窗虽然是个女孩子，却十分调皮，像个假小子。一次，张窗因为一点小事动手打了姚明。张窗的爸爸听说以后，十分生气，狠狠地批评了张窗一顿。有人问姚明："你个子那么高，怎么不还手啊？"姚明认真地说："不行啊，我妈妈说，不能打人的。"正因为这样，每次邻居们提起这个懂事的小家伙，总是赞不绝口。

尽管父母都曾经是著名的篮球运动员，姚明从小就耳濡目染并身具优良遗传，但姚明小时候对篮球运动并不感兴趣。

四岁的时候，爸爸送给姚明一只玩具篮球，但姚明觉得不很带劲。相比篮球，他更喜欢其他玩具。小姚明最感兴趣的是中国古代历史，他最崇拜的是诸葛亮。每次父亲下班，姚明总要缠着爸爸给他讲故事。

1986年，姚明进

入上海市徐汇区高安路第一小学读书。在班中，他的个子最高，总是坐在最后一排。

姚明拥有许多新奇的玩具：激光枪，赛车，轮船，还有当时最流行的变形金刚。每当得到一样新玩具，大方的姚明都会拿出来与同学一起分享，大家很喜欢这个性格温和的好伙伴。

每次班里组织去公园春游，公交车里座位不够，姚明都会主动给老师和同学让座。在学校打扫卫生时，个子最高的他会主动抢着去擦窗户。也许是因为姚明一直比别人高大，他觉得他应该多做些事。在父母和老师的谆谆教导下，姚明从小就养成了谦逊好学、责任感强的好品质。

一次上体育课时，教体育的孙老师拿出了一个篮球："同学们，这是什么？"大家齐声回答说："篮球！"

"哪位同学愿意把球投进篮筐？"孙老师继续问道。

所有的同学都叫了起来："姚明！"

在全班同学的注视下，姚明站在了学校篮球场的罚球线上。生平第一次投篮的他双手拿着篮球，心怦怦地乱跳着。调整了一下呼吸后，姚明用力将球投了出去。

篮球碰了一下篮筐，在地上弹了几下，渐渐滚远了。

几个调皮的同学笑了起来，姚明的脸刷的一下就红了。孙老师亲昵地摸摸小姚明的头替他解围："同学们，姚明第一次投篮就能碰到篮筐，很不简单啊！只要努力练习，他一定能将篮球练好的，让我们一起为他加油好吗？"

"好！"操场上响起了热烈的掌声。

听着同学们鼓励的掌声，满脸通红的姚明暗自下定决

心：将来一定要练好篮球，不辜负老师和同学们的期望！

读小学的时候，姚明最大的梦想是能当一个光荣的升旗手。当时，升旗手是高安路小学给予那些德智体全面发展的优秀学生的一项荣誉，可惜姚明虽然在班级中表现很好，却一直没能圆升旗手之梦。许多年以后，姚明回忆起这件事时，仍然引以为憾。

体校岁月

三年级时，小姚明已经长到了1.7米，他那出类拔萃的身体条件引起了体育界老师们的关注。

1989年的一天，姚明家来了一位特殊的客人：在徐汇区业余体校担任领导的徐为丽。她热情地向姚明的父母介绍了体校的一些基本情况，并邀请姚明在学校的文化课结束后去体校参加训练。

听了徐为丽的话，姚志源和方凤娣陷入了长时间的沉默。作为曾经的篮球运动员，他们很清楚从事这项运动是多么的辛苦，会有许多意想不到的困难等待着姚明。

经过慎重的考虑，彼此交换意见之后，父母还是决定让姚明自己选择未来的道路。方凤娣将在外面玩耍的姚明叫进房间里。

看到来了客人，懂事的姚明大方地打招呼道：“阿姨好！”

“真是个懂礼貌的好孩子！”看着姚明，徐为丽的脸上笑开了花。“告诉阿姨，你愿不愿意去体校和其他同学一起接受训练，将来在国际赛场上为国争光啊？”

“那我以后能像李宁叔叔一样夺金牌、升国旗吗？”姚明好奇地问道。

“当然能！只要刻苦训练，就一定会成功。”徐为丽肯定地回答。

“我要去！”听到将来有机会在国际比赛中拿金牌，姚明可高兴了。从小他就崇拜那些能为国争光的运动员。每次看到体育健儿们站在领奖台上的画面，电视机旁的小姚明就会跟着哼起雄壮的国歌。现在，想到自己将来也能像大哥哥大姐姐一样，他能不开心吗？

看着欢呼雀跃的儿子，姚志源和方凤娣也禁不住笑了。是啊，为国争光，这正是所有炎黄子孙共同的心愿啊！

就这样，九岁的姚明进入了徐汇区业余体校，开始了自己的篮球生涯。每个星期五下午放学后，他都会站在小学门口，等待体校指派的李章明教练骑自行车带他去体校。

第一堂训练课，姚明就尝尽了苦头。当天的课程是练习蛙跳。顾名思义，蛙跳就是像青蛙一样跳跃，主要是为了锻炼腹肌、大腿肌和髋关节的力量。这个对其他同学来说很简单的动作可把姚明难住了。由于年龄太小，他的骨骼还没有发育好，腿部根本没有什么爆发力。

姚明艰难地弯着腰，努力地跟在队友的后面。四圈下来，他已经累得几乎要倒在球场上了。

基础训练是艰苦和枯燥的：每次都是先做身体的拉伸运动，然后是慢跑热身，再练习投篮、运球，做三打二的快攻练习……一堂训练课下来，姚明的胳膊都抬不起来了。由于身体还没有发育好，姚明的协调性比起队友们来说要差了很多。体能对他来说也是个问题，在球场上做一两次折返跑之后，姚明就会累得大汗淋漓。当别的同学都已经完成要求的训练量时，他往往还在一个人艰难地练习。

一个周五的下午，姚明去体校接受训练，刚好当天下午学校组织学生去上海市少年宫游玩。看着同学们兴高采烈的样子，姚明心里可委屈了：为什么同学们都可以去玩，只有我一个人要去练球呢？

姚明决定在训练前先偷偷去少年宫玩上一会儿，然后再去体校。

那天下午正好姚明的妈妈去了体校，她来到体校后得知自己的儿子并没有来训练，便在学校里四处找寻姚明。正当她焦急万分的时候，姚明气喘吁吁地跑来了。看到姚明私自跑去玩，方凤娣十分生气，她严厉地批评了姚明一顿。望着周围的老师和同学们，姚明心里委屈极了：我只是出去玩一会儿，又没耽误训练，为什么批评我啊？

晚上回到家，妈妈把姚明叫到身边，向他讲述了一段真实的经历：那是在20世纪70年代，有一项重要的国际赛事要参加，可就在比赛之前，有几名队员私自外出游玩，因为疏忽，她们记错了比赛时间，在规定的时间没有归队。这个小小的疏

忽致使中国队最终输掉了比赛，错失了战胜对手的良机。

听完妈妈讲的故事，姚明的小脸涨得通红。他向妈妈保证：以后一定认真训练，不再贪玩，不辜负教练和父母对自己的殷切期望。从那以后，姚明再也没有犯过同样的错误。

一天的刻苦训练之后，姚明经常是精疲力竭。爸爸和妈妈十分心疼儿子，他们竭尽全力给姚明做好后勤工作。妈妈总是给儿子做他最喜欢吃的肉肠，希望能给他多补充点营养。在饭桌上，运动员出身的父母会根据当天训练的内容向姚明提出一些具体建议和分析。每天放学以后，爸爸还和姚明在宿舍楼后面的旧车棚旁练习投篮，比赛看谁投进的球多。每当姚明投进几个球后，爸爸就给他买点东西进行奖励。

一天，妈妈带姚明去看美国来访的哈林花式篮球队的表演。球员们娴熟精彩的配合，势大力沉的扣篮，精妙准确的传球，让每个观众都赞叹不已，球馆里不时响起热烈的掌声。小姚明还从来没有看过那么有趣的表演，他看得目不转睛，专注极了。姚明心中暗自下定决心：有一天，我也要拥有像他们一样的球技，到国际赛场上为国争光！

十一岁的时候，姚明的个子已经长到了1.88米，和妈妈一样高了。虽然在体校的训练很刻苦，可姚明的篮球技术依然进步缓慢。在篮下拼抢的时候，他经常会输给那些比他个子矮的队友。训练中，姚明连很简单的传球也经常接不住；投篮的姿势不规范，跳投和跑投都不好；而且姚明的移动也有点缓慢。不过，在李教练的悉心指导下，他的原地投篮练得很熟练。

1992年，姚明小学毕业，进入了全日制的徐汇区少年体校接受正规训练。学校的领导非常重视对姚明的培养，他们专门向主管中国篮球的领导——杨伯镛介绍了姚明出色的篮球天赋。徐汇区少年体校的报告引起了杨伯镛的兴趣，他专程赶到上海见了姚明。在询问了姚明的一些基本情况之后，杨伯镛批准向姚明提供每天5元的午餐津贴。现在看每天5块钱算不了什么，可在当时，这已经是一般小运动员津贴的三倍了。仅午餐费一项，姚明就快赶上妈妈的工资了。

每天早上，姚明和其他同学一起到教室上文化课。在所有课程中，姚明最喜欢的是地理和历史。他的英语成绩也很不错，这为他以后进入NBA后的沟通奠定了基础。

为了减少姚明背部出现伤病的风险，老师对他特别照顾。每次搬运体育器材，老师总会让别的同学干。而懂事的姚明也经常抢着打扫教室。体校的老师们都非常喜欢这个懂

◎NBA：NBA是National Basketball Association的缩写，中文译名是全美职业篮球联赛。1946年6月6日始创。经过多年的发展，NBA已经成为美国四大职业体育组织的首富，其影响力传遍世界各地。现任总裁是大卫•斯特恩（David Stern)。目前，NBA共拥有30支队伍，分属东部联盟和西部联盟。NBA的比赛分为季前赛、常规赛和季后赛。季前赛是为球队锻炼新人而进行的。常规赛分主客场，每支球队参加82场比赛。经过常规赛的争夺后，由东、西各8支球队参加季后赛的争夺。常规赛从每年的11月初开始，至第二年的4月20日左右结束。季后赛从4月下旬开始到6月中旬决出总冠军为止。

事的孩子。

在体校里，姚明还结识了一个好伙伴——刘炜。1980年1月出生的刘炜比姚明大半岁，从小就喜欢篮球。两人第一次见面是在中学一次篮球比赛中。

当时，刘炜出色的表现给姚明留下了深刻的印象。后来，他们一直保持着很好的关系。

他俩都有一个共同的爱好：打电子游戏。每逢周末，他们俩经常带着攒下的钱去游戏厅玩个痛快。刘炜最拿手的是打斗或战斗游戏，而姚明最擅长的是射击游戏。

随着年龄的增长，姚明的个头也继续不断攀升，刚买的衣服不到半年就穿不下了。那么，他到底能长多高呢？

上海市体育运动研究中心的专家每年都会对姚明的身体发育情况进行仔细的检查。

在研究了姚明手和腕部的X光片并进行缜密科学的演算后，专家们得出了一个惊人的结论：如果条件适合，姚明会长到2.23米！这个数字真令人匪夷所思。要知道，上海历史上还没有任何一位篮球运动员能长这么高呢！（事实上，姚明的身高最终达到了2.26米）。

崭露头角

1994年3月，不满十四岁的姚明来到位于上海郊区的上海体育运动技术学院梅陇基地，开始接受全日制训练。他平时住在集体宿舍，只有周末和节假日的时候才能回家。

让姚明意想不到的是，和他住在一起的竟然是最好的朋友刘炜。能和好朋友朝夕相处，姚明十分开心。可惜不久以后，因为姚明长得太快，他不得不搬到了隔壁一个人住——那里有一张学院领导为姚明定做2.4米的单人床。但这丝毫没有影响到姚明和刘炜的友谊，他们经常互相鼓励，一起努力训练。每逢周末，两个人还会一起带着攒下的津贴去电子游戏厅过把瘾。不过，随着训练和比赛的日渐增多，姚明玩耍的时间也就越来越少了。

在学院里，李秋平教练专门负责对姚明的培养。针对他的身体条件，李教练精心安排了科学合理的课程。除了常规的投篮和运球训练之外，姚明每天必修的项目还有跳绳和翻跟头，这两项训练能锻炼他的灵活性。李秋平一直带了姚明八年，从青年队到上海大鲨鱼。直到现在，姚明每次提起李教练，还是充满感激之情。

随着年龄的增长，姚明的训练也越来越刻苦认真了。他崇拜的偶像是苏联的萨博尼斯，一位立陶宛的伟大中锋。姚明非常欣赏萨博尼斯的打球风格：犀利准确的中投，天马行空的传球。训练之余，他经常琢磨萨博尼斯的技术特点，在比赛中加以运用。

中国从1994年开始直播NBA的比赛。在NBA的球队中，姚明最喜欢的是身高2.11米的著名中锋哈基姆·奥拉朱旺（Hakeem Olajuwon）领衔的休斯敦火箭队。

奥拉朱旺曾经带领火箭队在1994年和1995年连续两年赢得NBA的总冠军。当火箭队第一次称霸NBA的时候，姚明还兴奋得一夜没睡好呢！当时，姚明肯定不会想到，有朝一

◎休斯敦火箭队（Houston Rockets）：1967年火箭队加入NBA，当时落户于圣地亚哥，于1971年搬到休斯敦。火箭队曾于1994年和1995年连续两年赢得NBA的总冠军。火箭队是一支有高中锋传统的球队，拥有许多著名的球星：摩西·马龙（Moses Malone）、拉尔夫桑普森，奥拉朱旺（Hakeem Olajuwon），以及中国中锋姚明。在2002年选秀大会上，火箭队在首轮第一顺位选中来自中国的姚明。一个新的时代开始了。2009年5月1日，火箭队在主场以92：76击败开拓者，以4：2的大比分淘汰对手，自1997年之后，12年来首次晋级西部半决赛。

日，他自己也能成为火箭队的重要一员呢！

在教练的悉心培养下，姚明的篮球技术突飞猛进。很快，他与好友刘炜就一起入选了上海东方大鲨鱼青年队。刚进入一队，两人都还只是替补球员，上场机会也很少。当时，最让姚明头疼的是没有合适的鞋子穿。在比赛中，他被迫穿着他妈妈的老朋友郑海霞送的一双旧鞋出场（郑海霞曾经担任中国国家女篮的主力中锋，身高2.03米）。当时，姚明最大的心愿就是能尽快打入东方大鲨鱼队，这样就不用再为篮球鞋的事发愁了。

与此同时，姚明的个头还在不断的攀升。十五岁时，他的身高已经达到了2.13米。1996年3月，姚明参加了上海高中篮球锦标赛。他穿着那双旧球鞋带领徐汇区体校队一路过关斩将，最终拿到了冠军。在比赛中，姚明鹤立鸡群的身高吸引了所有观众的目光。虽然他的技术仍显得有些稚嫩，但

凭借扎实的基本功以及凶悍的封盖，姚明还是与队友一起轻松击败了所有对手。

“踏破铁鞋无觅处，得来全不费功夫。”一个偶然的机会让姚明终于拥有了属于自己的球鞋。1996年秋天，他在参加庆祝上海大鲨鱼队升入CBA甲级联赛举行的一个联欢会上，遇到了耐克公司在中国的体育市场主管特里·罗兹。当罗兹得知姚明的烦恼时，立即与美国的同事联系，定了一双18号的篮球鞋。几天之后，罗兹的同事找到了姚明的宿舍，将刚从大洋彼岸邮寄来的耐克Air球鞋亲手交到了姚明手中。从那以后，姚明再也不用为球鞋的事发愁了。

1997年1月，凭借着出色的身体条件和良好的篮球素养，十六岁的姚明光荣地入选了国家青年队。此时，他的身高已经达到了2.21米，他也由此成为当时个子最高的国字号篮球运动员。

同年夏天，姚明第一次出国，参加了耐克组织的巴黎训练营。短短6天的时间，姚明结识了许多世界各地的优秀运动员。当时，一个叫做蒂姆·哈达威（Tim Hardaway）的球员给他留下了很深的印象。哈达威速度飞快，而且篮球基本功很娴熟。后来，哈达威成了NBA著名的球星，还和姚明成了很好的朋友。2000年，两人还曾在悉尼奥运会的比赛中交过手。在这次训练营的训练中，姚明的表现给在场的每个人都留下了深刻的印象，其中包括当时担任NBA强队洛杉矶湖人队主教练的德尔·哈里斯（Del Harris）。

通过这次集训，姚明对世界篮球运动的发展有了全新的认识，他的眼界也因此大大开阔了。在与队友的对抗中，姚明也发现了自身的很多不足之处。

回国以后，他的训练比以前更加刻苦认真了。清晨，当第一缕阳光刚刚升起时，姚明已经迎着晨曦开始了一天的紧张训练。黄昏，当夕阳落下最后一丝余晖时，他还在认真地练习。春去秋来，随着时间的流逝，姚明的篮球技艺也在日渐成熟。

上海队的“秘密武器”

1997年10月12日，在第八届全国运动会上，上海队作为东道主迎战山东队。比赛刚一开始，山东队就反客为主，掀起了潮水般的攻势。上海队很快便以2∶19的大比分落后，形势对于上海队很不利。眼看战局被动，主教练令旗一挥，十七岁的姚明临危受命，作为奇兵替补上场，并肩负着扭转战局的重任，这也是他第一次参加成人队的篮球比赛。

当姚明离开板凳上场的时候，现场的观众都乐坏了。当时姚明身高虽已达到了2.23米之高，可体重却不足200斤，看起来十分瘦弱。这样一个“乳臭未干”的大孩子能在竞争

激烈的赛场上与对手对抗吗?

随着比赛的进行，所有人都开始对姚明刮目相看了。超出常人的身高让姚明可以轻松地在防守队员头上扣篮，抢得篮板；在防守端，他就像屹立在内线的一道铁闸，对手的上篮一次次被他泰山压顶般的封盖搧出。最终，姚明取得9分、17个篮板以及5次盖帽的骄人战绩，协助上海队反败为胜，以50：48赢得了比赛的胜利。第二天，各大报纸体育版的显著位置都登出了一则消息：上海队出现“秘密武器”！

第二场比赛，上海队迎战的是拥有多名国手的强队八一队。八一队拥有著名选手刘玉栋、王治郅等，是中国篮坛的一支传统劲旅。在这场比赛中，姚明敢打敢拼，继续有上佳表现。虽然上海队最终由于球队整体实力的差距没能在八运会上夺冠，但姚明的出色表现还是给观众们留下了深刻的印象。姚明对篮球的激情和专注，赢得了大家的交口称赞。许多专家都预言：假以时日，这个刚满十七岁的男孩一定会成为世界篮坛一颗璀璨的巨星。

此时的姚明已经正式加入了CBA联赛上海大鲨鱼队。在上海与浙江的比赛中，姚明开始了他在CBA征程的处子秀。

◎CBA联赛：全称是中国职业篮球联赛。CBA是英文Chinese Basketball Association的缩写，即中国篮球协会。CBA联赛是由中国篮球协会主办，各参赛俱乐部或有关省市体育局承办的中国最高级别职业篮球联赛。CBA联赛自1995年开始正式启动。比赛分为三个阶段进行：常规赛、分区决赛和总决赛。八一队八次获得总冠军，是近几年夺冠次数最多的球队。

在比赛中，教练安排姚明负责盯防身高2.16米的浙江队中锋佘乐平。姚明的个子虽然比对手高一些，但身体根本没有佘乐平强壮，技巧也不够，经常被比赛经验丰富的对手挤得东倒西歪。据统计，这场比赛下来，姚明足足摔了15个跟头。

在输掉与江苏龙队的一场比赛之后，姚明还和队友刘炜吵了一架。姚明认为刘炜的打法是错误的，而刘炜也毫不客气地反唇相讥。不过这个小插曲并没有影响两个人的友谊，他们很快就重归于好。这也是两人并肩作战的日子里唯一一次发生争执。

竞争激烈的比赛磨砺着姚明的意志，也让他的战术素养日趋成熟。1997—1998赛季，姚明共代表上海队出战21场，场均得到了10分、8.3个篮板和1.3次助攻的骄绩，投篮命中率更是达到了61.5%。出色的战绩让姚明成了那个赛季表现最出色的新秀之一。

1997年，姚明入选国家青年队，一同入选的还有他的队友刘炜。当时的国家青年队主教练马连保给了姚明很多指导，马教练说过的一段话，令姚明至今仍然记忆犹新："篮球智力比篮球能力更重要。篮球智力高，你就能在比赛中发现投篮或传球的机会，即使你的能力不够，仍然可以努力去改进。但如果你有这种能力，没这种智力的话，你也不能传好球、投好篮。这样，你的能力就等于零。"

在主教练的耐心启发下，姚明的技战术水平得到了进一步的提高。在印度加尔各答举办、由亚洲篮球联合会（ABC）组织的青年锦标赛上，与以往相比，姚明加强了

与队友之间的配合，进攻手段也变得更加丰富。最终，他率领中国队一路过关斩将，赢得了冠军，自己也荣膺赛事的MVP（最有价值的球员）。

1998年5月，姚明与队友刘炜奔赴美国的印第安纳波利斯，参加耐克公司组织的篮球夏令营。在训练营里，他与来自全美国的12名新秀同场竞技，切磋技艺。这次训练让姚明受益匪浅，他见识到了什么是真正高水平的篮球比赛，他的篮球水平也因此突飞猛进。

在这之后，姚明和刘炜在达拉斯加入了AAU（美国业余体育联合会）的一支叫High Five的球队，在全美四处巡回参加锦标赛。

在圣地亚哥体育馆进行的高中生全明星赛中，姚明第一次与泰森·钱德勒交手。当时整座圣地亚哥球馆座无虚席，人们蜂拥而至，等待着欣赏一场高水平的比赛。虽然钱德勒当时只有十五岁，但他已经被称为全美国最好的篮球天才之一了，他的灌篮和中投十分犀利（xī lì）。一些专家评价说，他甚至有能力打NBA的比赛（钱德勒在2001年NBA选秀会上以首轮第二顺位被芝加哥公牛队选中，并成为全联盟顶极的篮板弱侧封盖专家）。

在比赛的第一次对抗里，钱德勒就封盖掉了姚明的投篮，然后背转身晃过姚明的防守，灌篮得手。但姚明随即开始了反击，在钱德勒再次尝试在他面前上篮得分的时候，姚明挺身而出，直接将球搧飞，给了对手一记结结实实的盖帽，篮球直接从球场的另外一侧飞出界外。观众席沸腾了，两人的精彩对决点燃了整个圣地亚哥体育馆的激情。

在与钱德勒的对抗中，姚明丝毫不落下风。在比赛中，这个来自中国的大个子充分显示了他的防守威力，给所有人留下了深刻的印象。

随后，姚明又转战乔丹训练营。在这里，姚明第一次见到了NBA的传奇巨星乔丹，并有幸得到了乔丹的个别辅导。姚明出色的身体条件以及谦逊好学的态度给乔丹留下深刻的印象，他与乔丹的合影至今仍然珍藏在他上海家中的奖杯陈列柜中。

1998年秋天，姚明和刘炜再次双双入选国家青年队，并跟随国家队一起训练。可惜姚明没能在国家队里立足。当时的中国男篮群星荟萃，在中锋的位置上，王治郅和巴特尔都处在职业生涯的巅峰。和他们相比，姚明的对抗能力太差了。虽然他的身高已经达到了2.26米，但在篮下技术方面还显得很稚嫩。国家队出征曼谷亚运会的前一天，姚明从国家队的名单里被裁掉了。

虽然在最后一刻落选，很遗憾没能实现代表国家队出征国际赛事的夙愿，但姚明并没有气馁。

他坚信，通过自己的不懈努力，这一天终将会到来的！

经过大赛的磨砺，1998—1999赛季的CBA联赛开始时，

姚明的技术比第一赛季已经有了很大提升。他的篮球视野更加开阔，与队友的配合也日渐娴熟。尽管姚明的各方面能力都有了长足的进步，但他毕竟还只是一个刚满十九岁的年轻队员。面对经验丰富的对手，姚明的身体还有些单薄，下肢力量不够强，缺乏对抗能力。所以在前两个赛季，主教练通常会安排一名外援在内线协助防守，而姚明更多的是在篮筐两侧等待进攻机会。

在姚明的带领下，上海队屡克强敌，成为CBA一支不容小觑的劲旅。最终，上海大鲨鱼队夺得了联赛的第四名，姚明场均得到20.9分、12.9个篮板和1.7次助攻的战绩，投篮命中率达到了58.5%。凭借出色的表现，姚明荣获了1999赛季全国男篮甲A联赛进步最快球员奖，并入选中国篮球南方明星队。

第二章

篮坛小巨人

- 夺得亚洲冠军
- 威震悉尼
- 双雄争霸
- 问鼎CBA

夺得亚洲冠军

1999年5月，姚明入选蒋兴权执教的中国国家男子篮球队，备战即将在三个月后举行的第20届亚洲男子篮球锦标赛。在国家队中，姚明的球衣号码是13号。

当时的中国男篮，既有胡卫东、巴特尔、巩晓彬、孙军、张劲松、李晓勇等大赛经验丰富的名将，又有王治郅、姚明这样冲击力很强的新秀，真可谓群英荟萃（huì cuì），星光璀璨。

国家队主教练蒋兴权一向以带队严格、球队作风顽强而享誉中国篮坛，他强调攻守两端的均衡，进攻讲究内外线结合。在防守端，他所采用的紧逼和联防战术也非常厉害。1994年，正是在他的率领下，中国男篮一举获得了世锦赛第八名，实现了历史性的突破。

1997年，中国男篮在亚锦赛半决赛中因为轻敌输给了韩国队，丢掉保持了10届的亚洲锦标赛冠军，被挤出了1998年男篮世锦赛的大门。主教练张斌因此引咎（jiù）辞职。这场失利给队员们留下了难以磨灭的记忆。许多年以后，当有人问起篮坛名将胡卫东他一生的篮球生涯最大的遗憾是什么时，胡卫东毫不犹豫地回答，是1997年亚锦赛输给韩国队的那场比赛。

知耻而后勇。此番再度出战亚锦赛，每个球员都暗自下定了决心：一定要一雪前耻，重新夺回亚洲冠军，让雄壮激昂的《义勇军进行曲》再度在亚锦赛的赛场上奏响！

此时的姚明虽然在CBA已经小有名气，但在国家队却依然是个初来乍到的“小字辈”。他虚心地向成名已久的巴特尔和王治郅学习，仔细观察队友的技术特点，对自己的不足之处加以改进。

主教练蒋兴权很喜欢这个打球认真、拼劲十足的大个子，他给了姚明许多指导。针对姚明上半身瘦弱，移动速度不够快的弱点，蒋兴权重点加强了对他的肌肉力量和灵活性的训练。经过三个月的国家队集训，姚明对篮球技战术的运用有了更深的理解，对抗能力也大大增强了。

1999年8月，姚明跟随中国男篮来到日本福冈，参加在那里举行的第20届亚洲男篮锦标赛。这也是姚明第一次身披国家队战袍出征国际大赛。

半决赛击败中国台北队之后，中国队迎来了最后一个对手——韩国队。9月5日，争夺冠军的决战正式打响。在上半场比赛中，中国队占据了优势。进入第四节，场上形势风云突变。终场前6分钟时，韩国队连续外线远投得手，打出一波进攻小高潮，双方分差被迅速缩小到只剩下4分。关键时刻，胡卫东在2分钟内连进4个三分球，带领球队再度夺回了比赛的主动权。姚明内线强悍的防守也给韩国队制造了不少压力，连续送给了对手好几记“火锅式”盖帽。最终，中国队以63：45击败上届冠军韩国队，顺利登顶。同时，他们也获得了悉尼奥运会的入场券。姚明场均得到12分、约7个篮板，他用实际表现证明了自己的实力。

站在领奖台上，听着雄壮熟悉的《义勇军进行曲》在体育馆上空回荡，姚明的心里十分激动。他暗自下定决心：今

后一定要努力拼搏，力争为祖国争取更多的荣誉！

此后，姚明又作为主力参加了世界青年篮球锦标赛。

首场比赛，中国队就遭遇了实力强劲的美国队。面对对手凶悍犀利的逼抢和迅疾流畅的快攻，姚明显得有些孤掌难鸣。最终中国队以59：119败下阵来。接下来的比赛，中国队又连续失利，屡遭挫折。在整个世青赛中，他们只赢了一场球。

虽然中国队的整体发挥不尽如人意，但姚明的出色表现还是赢得了专家们的交口称赞。他在内线的强大攻击力，准确的中投以及勇于拼搏的精神，都给参赛的各国球员和教练们留下了深刻的印象。

经过国际大赛的锤炼，姚明变得更有信心了。他在比赛中学习到了不少的东西，篮球技艺也更加娴熟，进攻移动方面，姚明的进步也很快。1999—2000赛季CBA联赛中，“小巨人”姚明已经成长为上海大鲨鱼队内线的绝对主力。

为了新赛季能在联赛中有所作为，大鲨鱼队还特意引进了两名美国球员：麦克尔·琼斯和大前锋蒙特利尔·道宾斯。琼斯擅长中距离投篮，道宾斯则是个抢篮板球的高手。在与他们一起在CBA并肩作战的日子里，姚明学到了不少篮球技巧。通常，姚明在内线罚球区两侧活动，吸引对手的注意力，而道宾斯则更多的在底线游弋（yi），等待机会突破得分。以前姚明更多的是靠个人能力去单打独斗，而现在，他更多地融入到整个球队的进攻体系当中，依靠传切配合撕开对手的防线。

通过全队球员的齐心协力，上海大鲨鱼队在联赛中屡克

强敌，最终取得了第二名的好成绩。总决赛中，他们的对手是八一队。面对王治郅、刘玉栋以及李楠等国手组成的八一队，上海大鲨鱼还是显得太稚嫩了。最终上海队连输三场，总比分以0：3败下阵来。

1999—2000赛季，姚明共代表上海队出场33次，场均得到21.2分、14.5个篮板和1.7次助攻的战绩，他的投篮命中率达到了58.5%。在CBA篮板和盖帽两个项目的数据统计中，姚明均名列榜首。凭借出色的战绩，姚明获得了联赛篮板、扣篮、盖帽三个单项奖，还入选了全国男篮甲A联赛全明星阵容。也就从这时候开始，姚明在中国篮坛有了一个响亮的外号——“东方小巨人”。

威震悉尼

1999—2000赛季CBA决赛之后，姚明再次回到国家男篮，投入到悉尼奥运会紧张的备战之中。作为亚洲唯一的参赛队伍，中国队的表现如何，直接关系到整个亚洲篮球的声誉。随着男排和男足的相继折戟沉沙，中国男篮成为三大球项目中唯一打入悉尼奥运会的男子球队，队员们的身上承载了全国球迷的殷切期望。

中国男篮还拥有一项特殊的荣誉：在悉尼奥运会的开幕式上，男篮队员刘玉栋继亚特兰大奥运会之后，再度担任中国奥运会代表团的旗手。这也是中国男篮队员连续在五届奥运会上获得此项殊荣了。

经过几次热身赛的锻炼，中国队的主力阵容基本成型。三名中锋王治郅、姚明、巴特尔，平均身高达到了2.14米，在参加悉尼奥运会的各队中排名榜首。三人的组合被中国球迷亲切地称为“移动长城”。但与对手相比，中国队内线球员的对抗能力偏弱，防守技术也有待提高。

悉尼奥运会男篮比赛共有12支球队参加角逐，比赛先分两个小组各6队进行单循环赛，名列两个小组前四名的球队直接进入八强。中国队与美国、立陶宛、意大利、法国、新西兰同一小组，出线形势十分严峻。同组的五个对手中，美国、立陶宛和意大利队实力明显占优，中国队只有战胜法国队、新西兰队，才有希望杀入八强。

随着姚明、王治郅和巴特尔的逐渐成熟，中国队逐渐由以外线进攻为主转变为以内线打法为主。根据欧美球员身材强壮、对抗能力强的特点，主教练蒋兴权对中国队的进攻思路做出了调整，将王治郅的攻击范围向外转移，由姚明和巴特尔担纲内线，利用“双塔战术”与对手抗衡。这种战术安排，将更多的重任压在了姚明肩上。比赛一开始，作为首发出场的姚明就要与身体素质强于自己的对手在篮下进行硬碰硬的拼抢，这就对姚明的对抗能力提出了更高的要求。

2000年9月15日，万众瞩目的悉尼奥运会正式拉开帷幕。中国男篮的第一个对手是强大的美国队。号称“梦四队”的美国男篮由名帅鲁迪·汤姆贾诺维奇挂帅，拥有凯文·加内特、文斯·卡特、雷·阿伦、贾森·基德以及加里·佩顿等诸多好手，实力明显高出中国队一筹。

第一节比赛中，中国队凭借姚明和王治郅内线的出色发

挥，在与对手的抗衡中丝毫不落下风。开局阶段，中国队还以13：7领先。姚明的表现尤其令人振奋，开战伊始，他就接连封盖了文斯·卡特和加里·佩顿的上篮。

随着比赛的进行，中国队体力不足的痼（gù）疾开始逐渐暴露出来，高强度的对抗导致球员技术动作变形。第二节比赛开战后，中国男篮连续出现失误，美国队乘机大举进攻，双方的分差被迅速拉开。上半场结束时，中国队已经落后了22分。

进入下半场，姚明接球和进攻屡屡失手，累计五次犯规提前离场，使中国队在内线的防守更是雪上加霜。最终，美国队以119：72战胜中国队。姚明在比赛中共上场16分钟，得到5分和3个篮板。

虽然在第一场比赛中的表现一般，但“小巨人”良好的战术素养和得天独厚的身体条件还是给美国男篮主教练汤姆贾诺维奇留下了深刻的印象。赛后，汤姆贾诺维奇主动和姚明进行了谈话，鼓励他努力训练，打好后面的比赛。

有意思的是，姚明两年以后以NBA第一轮第一顺位新秀的身份加盟NBA休斯敦火箭队，当时执掌火箭教鞭的正是汤姆贾诺维奇。

中国队的第二个对手是来自大洋洲的新西兰队。在与对手的对抗中，中国队充分发挥了内外结合攻守兼备的打法优势。姚明和王治郅这两名身高在2.10米以上的球员在内线遥相呼应，令对手顾此失彼。在防守端，“小巨人”更是威风八面，完全限制了新西兰队主要得分手希恩·马克思的进攻。最终中国队以75：60力克对手。

第三场比赛，中国队迎来了欧洲劲旅法国队。比赛最后时刻，中国队由于体能下降导致防守松懈，进攻端也组织不起来有效的反击，最终被对手82：70逆转。

此后中国男篮虽在小组赛最后一战中以85：76战胜意大利队，但已是于事无补。最终中国队以二胜四负的战绩结束了悉尼奥运会的征程，获得第十名。

虽然没能打进八强，但中国队不畏强手的拼搏精神还是获得了全国人民的称赞。在这次比赛中，姚明平均每场拿下10.5分和球队最高的6个篮板，外加2.2次盖帽，平均每场63.9%的投篮命中率也无人能比。他的盖帽排名在所有参赛运动员中列第二位，篮板排在第六。虽然他在6场比赛中也出现了15次的失误，但他的出色发挥还是给各国观众留下了深刻的印象。

姚明在悉尼奥运会还有另一个收获：在紧张的比赛之余，“小巨人”发动队友帮忙收集了二百多个各国的队徽。回国之后，姚明从中精心挑选出50个最漂亮的队徽，送给女友叶莉作为她19岁的生日礼物。许多年后，谈到这段浪漫往事时，姚明幽默地说：“我另外还留下一百五十多个，以防她不动心。”

双雄争霸

悉尼奥运会的出色表现，让姚明的名字迅速被广大球迷所熟知。回到国内，姚明发现，自己几乎一夜之间成了名

人。无论走到哪里，都有记者的话筒、摄像机以及闪光灯等“长枪大炮”围追堵截。只要有“小巨人”出场的比赛，他就一定是整座体育馆的焦点。

面对潮水般涌来的荣誉，姚明并没有飘飘然。经过国际大赛的磨砺（lì），姚明显得愈发成熟。他的心中已经有了新的目标：带领上海大鲨鱼队向CBA冠军发起冲击！就像联赛的主题歌《相信自己》中唱的一样，姚明渴望用总冠军的奖杯证明自己的实力。

想登顶CBA，就必须越过八一队这一关。但要战胜对手，谈何容易！八一队兵强马壮，拥有刘玉栋、李楠、张劲松以及王治郅等众多国手，曾经连续五个赛季蝉联CBA总冠军。更让人不可思议的是，他们在前五个赛季的总决赛中一场未败，战绩为13胜0负。

作为八一队领军人物的王治郅，在1999—2000赛季的CBA比赛中达到了个人职业生涯的巅峰，他以平均每场27分和10个篮板的战绩毫无争议地荣获了CBA常规赛MVP和总决赛MVP。

可以说，王治郅和姚明就像中国篮坛的“双子星座”。作为国家队的队友，他俩拥有太多的相似之处：同样拥有超出常人的身体条件；同样在很年轻的时候就加入国字号球队；同样拥有在NBA打球的经历……王治郅在得分能力和进攻上要强于姚明，临场发挥也较稳定；而姚明则在内线的攻防能力胜过对手一筹。

对姚明来说，王治郅就像自己的兄长。在国家队里，比姚明大四岁的王治郅总是对姚明悉心照顾。但在CBA的战场上，王治郅又是姚明必须战胜的对手。

新的赛季，上海队可谓是兵强马壮。主教练李秋平，从姚明少年时代就一直担任他的教练，素有“小诸葛”的美誉。主力球员中，“小巨人”姚明、控球后卫刘炜、三分好手单卫国以及球队第三高度章文琪都是国内顶尖的篮球明星。球队管理层还引进了新的外援乔治·阿克尔斯和达蒙·斯特林格。阿克尔斯具有很强的防守能力，具有很好的控制篮板球的能力；达蒙则具有很强的得分能力。有了队友的帮助，姚明肩上的压力轻了许多。

2000年11月18日，2000—2001赛季CBA揭幕战在上海队与八一队之间正式打响。姚明带领上海东方队经过一番苦战，主场以101：96力克卫冕（miǎn）冠军八一队。“小巨人”在比赛中单手战斧式暴扣得分的精彩一幕，更是激起了全场观众雷鸣般的喝彩声。

此后的比赛中，上海队一路过关斩将，屡克强敌。最终上海东方男篮获得了CBA常规赛第二名的佳绩，姚明也以场均27分、19.4个篮板和5.5个盖帽的赫（hè）赫战绩独揽

“篮板王”、“盖帽王”、“扣篮王”三项头衔，第一次荣膺（yīng）常规赛MVP。

季后赛半决赛，上海队的对手是巴特尔领衔的北京首钢队。在比赛中，姚明充分发挥了自身的技术特点，在内线与对手的拼抢中丝毫不落下风；在进攻移动方面，“小巨人”的步伐也日趋娴熟。再加上外援的出色发挥，更让上海队如虎添翼。反观巴特尔，则打得有些束手束脚，在内线与姚明的对抗中也显得力不从心。最终北京首钢队以总比分0：3败下阵来，上海男篮于第二年挺进CBA总决赛。

在联赛初期，八一队虽然一度表现欠佳，但随着王治郅状态的逐渐恢复，八一男篮迅速夺回了榜首的位置。在半决赛中，他们在以3：0横扫孙军缺阵的吉林队之后，顺利地与上海东方队会师总决赛。姚明与王治郅这对中国篮坛的“双子星座”也迎了第二次的巅峰对决。

总决赛的首场比赛在上海卢湾体育馆揭开战幕。在全场观众的呐喊助威声中，姚明刚一开战就展现了志在必得的决心。他连续强攻内线得手，带领上海队迅速掌控了比赛的主动权。在防守端，姚明“内线霸王”的威力也得以彰（zhāng）显，“小巨人”连续送出精彩封盖，充分遏制了对手的进攻。在姚明出色发挥的带动下，上海男篮最终力克对手，打破了八一队连续五个赛季CBA季后赛不败的神话。

八一不愧为老牌劲旅，在初战失利后，他们迅速调整了状态。第二场比赛中，双方比分一路胶着，最终还是比赛经验更为丰富的八一男篮笑到了最后。终场前20秒，李楠抓住机会果断出手，投中一个决胜的三分球，帮助八一队以

114：109战胜上海队。此后凭借王治郅的出色发挥，八一队又再胜一场，以2：1将总比分反超。

关键的第四场，八一男篮充分发挥了自己的技战术特点。比赛最后时刻，王治郅内外线接连投射得手，帮助八一队击退了对手的反扑。

最终，八一男篮以总比分3：1击败上海队，连续六次捧回了CBA总冠军奖杯。而上海男篮则只能遗憾地屈居亚军了。

虽然再度与总冠军奖杯失之交臂，但姚明出色的运动能力和在内线的统治级表现还是赢得了观众和专家的一致称赞，“小巨人”最终获得了总决赛的MVP。

总决赛后，姚明再次回到国家队，备战即将在上海举行的第21届亚洲篮球锦标赛。在家乡父老的呐喊助威声中，中国队一路过关斩将，势如破竹。他们以每场净胜对手两位数以上分数的绝对优势轻松夺冠，蝉联了亚洲冠军，同时也获得了世锦赛的入场券。姚明在比赛中充分展现了他强悍的个人能力：得分、封盖、篮板简直无所不能。最终“小巨人”以场均13.4分、10.1个篮板和2.8次盖帽的出色战绩获得了赛事MVP的称号，他的投篮命中率更是达到了惊人的72.4%。

接下来，姚明与王治郅、巴特尔等队友携手出战北京世界大学生运动会。

以最强阵容出战的中国队在小组赛中先后击败了捷克、加拿大等球队，顺利挺进半决赛。

8月30日晚上，中国队与美国队的半决赛在清华大学篮

◎世界大学生运动会：素有“小奥运会”之称，由国际大学生体育联合会（International University Sports Federation）主办，只限在校大学生和毕业不超过两年的大学生（年龄限制为17~28岁）参加的世界大型综合性运动会。始办于1959年，其前身为国际大学生运动会。截至2009年3月，世界大学生运动会已举办过24届。由于大运会是规模仅次于奥运会的世界大型综合性运动会，自1959年举办第一届比赛后，世界各国都非常重视，纷纷派出最优秀的运动员参加角逐。

球馆举行。当时的美国男篮拥有胡安·迪克森、朗尼·巴克斯特以及罗杰·梅森等好手，实力雄厚。美国队在大运会历史上曾经连续6次获得冠军，并保持46场不败的骄人战绩。此次参赛，该队新闻官凯洛琳宣称“就是来拿冠军的”。

比赛开始后，中国队内外结合，打得积极主动，很快便取得了11：0的领先优势，打出了一个梦幻般的开局。经过调整之后，美国队的状态逐渐复苏。凭借外线的连续远射得手，他们迅速将比分追近。此时，巴特尔累计犯规次数达到四次，被迫下场休息，值此危急时刻，姚明独挑大梁。“小巨人”在篮下顶住了对手的狂轰滥炸，用一次次精彩绝伦的封盖捍卫了中国男篮的内线阵地。在进攻端，姚明连续接队友妙传灌篮得分，同样表现不俗。第三节结束时，中国男篮以69：66领先。

美国队自然不甘心就此坐以待毙，他们在比赛的最后时刻展开了疯狂的绝地大反扑。对手凶悍积极的拼抢导致中

国队接连出现失误，双方的分差被逐渐缩小。终场前35秒，场上比分被改写为82：83，美国队仅以一分之差落后。最后时刻，中国男篮明显加强了内线的防守力度，对手的进攻接连被姚明和王治郅盖掉。终场前最后一秒，美国队员中距离投篮，又是姚明扮演了救世主的角色，将势在必进的篮球搧飞。凭借这个精彩的封盖，中国队最终以83：82力克美国队，杀入大运会的决战。这场胜利结束了在国际综合性运动会上中国男篮从来没有战胜美国队的历史。

在9月2号进行的决赛中，中国队遗憾地负于南斯拉夫队。尽管未能夺得金牌，但亚军的成绩也已经创造了中国男篮在世界大学生运动会上的最佳战绩。姚明在与美国队比赛最后时刻的盖帽也成为上海大运会最精彩的瞬间之一，永远地留在了每位观众的心中。

问鼎CBA

2001年3月，王治郅与NBA球队达拉斯小牛队签约，成为进军NBA亚洲第一人。与此同时，也有很多球队和姚明接触，希望他能参加NBA选秀，但都被姚明婉言拒绝了。

在姚明心中，还有一个愿望未了：帮助培养自己的上海队夺取CBA总冠军！

为了再次冲击总冠军，上海队全队上下都做了扎实的准备。姚明和队友们的训练比平时更加刻苦认真了。球队管理层还引进了两名新外援——Daniels和Steve Hart，他们的加盟让上海男篮的实力如虎添翼。

经过多年国内外大赛的洗礼，姚明已经逐渐成长为CBA星河中最璀璨的一颗星辰。在2001—2002年CBA的常规赛中，“小巨人”率领上海男篮屡克强敌，最终取得了23胜1负的战绩，排名常规赛各支球队之首。上海队的出色表现为他们在球迷中赢得了“东方不败”的雅号，姚明也以场均29.7分、18.5个篮板和4.8次盖帽的豪华数据，蝉联了第二年常规赛MVP。

在季后赛中，上海队一路过关斩将，势如破竹。前两轮比赛他们均以较大的优势横扫对手，连续第三年杀入总决赛。

另一方面，虽然核心球员王治郅远赴美国，但实力雄厚的八一队并没有一蹶（jué）不振。有“定海神针”美誉之称的老将刘玉栋挺身而出，挑起了全队的大梁。2001—2002年赛季常规赛，刘玉栋场均得分达到36.4分，从姚明手中夺走了“得分王”的称号。

常规赛的最后一场比赛，主场作战的八一队迎战此前保持全胜的上海队。刘玉栋内突外投，单场斩获51分。凭借他的出色表现，八一男篮最终力克上海队，结束了对手23连胜的记录。

在半决赛八一队与山东队的系列赛中，刘玉栋再现“战神”风采，三场球分别拿下29分、34分和56分，带领球队一举击溃对手，再度与上海男篮会师总决赛。

俗话说：“事不过三”。此前，上海队连续两年功亏一篑，与总冠军失之交臂。此番再度交锋，姚明能率队战胜强大的八一男篮，一偿夙愿吗？

细心的人们发现，季后赛上的姚明留起了胡须。当有人问他为什么时，“小巨人”斩钉截铁地回答：“不拿冠军，30岁前不刮胡子！”言出必行的姚明在此后真的就一直没刮过脸。白净的脸上留起络腮胡子，更显出他的成熟魅力。主将蓄须明志的决心也感染了每一个上海男篮的队员，全队上下摩拳擦掌，斗志高昂。所有人都有一个共同的心愿：拿下八一队，向总冠军冲刺！

2002年4月10日晚，万众瞩目的CBA总决赛正式拉开帷幕。首场比赛在八一队的主场——浙江宁波雅戈尔体育馆举行。姚明全场火力全开，得到个人职业生涯最高的49分，外加17个篮板和6次盖帽。其中两分球更是21次出手全部建功，投篮命中率达到了100%。但由于内外线的衔接问题，球队的其他队员发挥不尽如人意，最终上海队125：127遗憾地输掉了首场比赛。

虽然首战告负，姚明并没有就此气馁（něi）。他与队友认真地总结了第一场比赛的经验教训，针对八一队攻击力强的特点，做了许多扎实的准备工作。

4月14日，总决赛第二场在上海队主场打响。开战之后，刘玉栋与李楠联袂（mèi）出击，带领八一队以11：2领先。面对比分落后的被动局面，上海男篮并没有慌乱，他们在暂停之后迅速地调整了战术。姚明连续强攻内线得手，带领球队回敬一轮20：4的攻击波，一举将比分反超。

在此后的比赛中，上海队完全控制了场上的局势。全队轮番出击，多点开花，共有七人得分上双。在防守端，上海队也成功地限制了对手的发挥，明显加强了对八一队外线投篮的控制。姚明更是不惜体力积极拼抢，多次切断对方的传球，不仅守住了本方的防线，还在八一队的篮下挥洒自如，多次成功抢得前场篮板。最终上海队以124：92大胜对手，将总比分改写为1：1平。姚明也斩获26分和23个篮板的大号两双战绩。

4月17日晚，上海男篮在总决赛的第三场比赛中以129：122力克卫冕冠军，在五场三胜制的总决赛中以2：1领先。姚明共轰下46分和23个篮板，可谓是居功至伟。

4月19日晚，总决赛的第四场在宁波开战。这场比赛对双方来说都至关重要，两队都派出了最强阵容。比赛刚一开始，上海男篮就连得4分，给了主队一个下马威。八一队也不甘示弱，他们利用快攻连续得分，与对手展开周旋。在姚明内线强悍的攻击力面前，八一队显得办法不多，只得依靠频繁的犯规来打断对手的进攻。双方互有攻守，场上比分一路僵持。

姚明一记势大力沉的暴扣，擂响了本队进攻的战鼓。一阵疾风骤雨般的攻势之后，上海队逐渐控制了比赛的主动权。八一队自然不甘心就此束手就擒，他们在比赛的最后时刻展开了凶狠的绝地大反击。终场前7秒钟，刘玉栋外线远投命中，八一队以1分的优势反超。比赛进入最终的决胜时刻。

所有的观众几乎不约而同地想起总决赛的第一场比赛。当时也是在比赛结束前的最后一次进攻时，李楠外线三分命中，使得上海队遗憾地以2分之差输掉了比赛。今天，同样的悲剧会再次发生在上海男篮身上吗?

暂停之后，上海队在观众的呐喊声中发起了最后一次进攻。姚明转身后仰跳投不中，大卫·本沃高高跃起，补篮成功。123∶122！上海队终于以1分之差险胜八一队，历史上第一次登上了CBA总冠军的王座！八一队在这里创下的65场主场不败记录也就此戛（jiá）然而止。

这绝对是CBA历史上最精彩的一场比赛。犹若天神下凡般的姚明狂揽56分，再次打破了个人职业生涯的得分记录，另外他还拿下了21个篮板。刘玉栋也有53分入账。

最终，姚明以场均41分和21个篮板的赫赫战绩无可争议地夺得了他的第二个总决赛MVP。当被问及夺冠之后最想感谢的人是谁时，姚明深情地回答：“当然是全上海人民！是这片生我养我的土地！没有她们给我无数的机会，也不会有我的今天。我还想特别感谢一个人，那就是恩师李秋平。”

“我们今天能站在冠军领奖台上，并不是我一个人的功劳，我也像刘炜、贾孝忠等队友一样在成长和成熟，最重要的是教练们这么多年来辛苦的付出。而且，我们的胜利，也绝不是偶然，它意味着东方男篮不仅在技战术上已足以夺冠，更代表着我们在心理承受能力上的成熟。很多人奋斗了一辈子，都没有得到想要的回报。而我只是奋斗了五年，就能换来一个冠

军，已经是很幸运了。更何况，我的付出和其他人相比，并不算多，还有许多人付出的比我更多，牺牲的比我更多！”

2003年1月，姚明在上海大鲨鱼队所穿的15号球衣正式退役，“小巨人”也成为第一位享受到这种待遇的中国球员。直到今天，姚明在上海男篮时所穿的15号球衣还和上海队夺得CBA总冠军的旗帜一起在卢湾体育馆的上空高高飘扬。这件超大背心长3米，宽2米，是姚明所穿队服的10倍。姚明的“荣誉球衣”前胸绣有一颗象征CBA总冠军的金星，背后是大大的拼音“YAOMING”，15号的数字下面还绣有一条鲨鱼。

在完成帮助上海队夺冠的诺言之后，姚明的目光聚焦到了大洋彼岸的美国，那里有全世界篮球最高水平的职业联赛——NBA。在那片更广阔的舞台上，他渴望着为祖国争取更多的荣誉。

第三章

进军NBA

- “明王朝”进驻休斯敦
- 初登NBA赛场
- 姚鲨大战
- 新的赛季，新的梦想
- 杀入季后赛
- 再战“大鲨鱼”
- 雅典，神话诞生的地方

“明王朝”进驻休斯敦

2002年4月19日，在上海男篮夺得CBA总冠军的当晚，东方俱乐部正式宣布姚明将参加2002年的NBA选秀。

“姚明即将登陆NBA！”这个消息犹如一颗重磅炸弹，立即引起了世界舆论的广泛关注。远在大洋彼岸的美国，也刮起了一股强劲的“姚明旋风”。球迷和教练们都被这个被国外媒体赞誉为“中国的世界第八大奇迹”的小巨人迷住了。报纸、电视以及网络上随处可见关于姚明的专题，他在美国引发的轰动，远远超出了人们的想象。全美知名媒体ESPN杂志在一篇报道姚明的文章中这样描述：“一个身高2.25米、来自中国上海的21岁小伙子将把全球数十亿球迷的目光吸引到篮球场上去。他能投3分球，能封阻任何人的投篮，能摧毁一切选手的意志。NBA所有的球队已经做好了买进他的准备，他就是姚明。”

4月29日，姚明飞赴美国芝加哥，参加NBA官方为即将举办的选秀大会而特意安排的试训。中国“小巨人”在北芝加哥Loyola’s Alumni球馆的亮相至少吸引了NBA29支球队中的22位总经理到现场考察。训练课是由曾担任波特兰开拓者和金州勇士队主帅的著名教练卡莱西莫亲自指导的。在长达一小时的训练展示中，姚明娴熟扎实的基本功、迅捷灵活的步伐以及强悍的内线防守能力给在场的观众留下了深刻的印象，球馆里不时响起热烈的掌声。

经过慎重的考虑，姚明最终在众多抛来橄榄枝的球队

中选中了休斯敦火箭队。火箭队成立于1967年，是NBA的一支老牌劲旅。现任主教练鲁迪·汤姆贾诺维奇，曾率队在1993—1994和1994—1995连续两个赛季获NBA总冠军，还在2000年奥运会上带领美国男篮夺取金牌，是一位执教经验非常丰富的教练。火箭队还是一支有高中锋传统的球队，摩西·马龙、拉尔夫·桑普森、奥拉朱旺都曾身披火箭战袍，他们都是姚明非常喜欢的球星。

剩下的问题就是休斯敦火箭队能否拿到2002赛季NBA首轮第一位的选秀权了。按照概率，火箭队只有8%的希望抽到第一选秀顺位，难度可想而知。

幸运的是，代表火箭队参加选秀抽签的史蒂夫·弗朗西斯运气很好。5月19日，休斯敦火箭队在2002年NBA选秀顺序抽签仪式上幸运地抽到第一号选秀权。

2002年6月27日，是一个注定要铭刻入中国体育史册的日子。这一天，在美国纽约剧院举行的NBA选秀大会上，姚明以首轮第一顺位被拥有头号选秀权的休斯敦火箭队选中，成为第一位以“新秀状元”身份入选NBA的中国运动员，他也是NBA选秀大会历史上第一位没有美国篮球背景而成为NBA状元新秀的国际球员。姚明是继王治郅、巴特尔之后，第三位加盟NBA的中国球员，也是从CBA走出去的超级巨星。

随着姚明“空降”NBA日期的日益临近，“姚明旋风”也开始愈刮愈烈。整个美国的媒体都被这个来自神秘国度的小巨人迷住了。NBA特意派出了一个摄制小组，自始至终跟随拍摄姚明的日常生活。主流报纸和杂志上连篇累牍

（liányiān lěi dú）地刊登姚明的生平经历、轶（yì）闻趣事。美国发行量第一的体育杂志《体育画报》将姚明作为封面人物，画面中的姚明自豪地两臂伸展，双掌各拈一只篮球。封面上写道："下一个大事件。"

正如《新闻周刊》记者布鲁克·拉莫所说的：姚明能去NBA打球，本身就是一段引人入胜的"故事"。姚明的美国经纪人比尔·达菲则表示："他将成为美国了解中国的窗口，也将是中国了解美国的窗口。"

休斯敦市更是全城动员，准备迎接这个来自大洋彼岸的中国巨人。在马路的两旁，出现了许多一百多英尺高的广告牌，上面是姚明巨大的画像。广告牌上用中英文书写着火箭队新赛季的口号："和我们一起，开创大场面！"市政府还决定将2002年12月11日命名为"姚明日"。

经济学家马宇曾经做过一个有趣的估算：姚明加盟NBA，相当于中国出口了大米102万吨，蔬菜53万吨，水果42万吨，钢材46万吨，电视机239万台，原油98万吨，丝绸6489万米，汽车2.1万辆，自行车630万辆。而且，还大约相当于6万名工人一年生产的工业增加值；20万名农民一年生产的农业增加值；若用于国内的投资、消费，则可创造5万多个就业机会。

在等待进军NBA的日子里，姚明带领中国男篮参加在美国印第安纳波利斯举行的世界篮球锦标赛。中国队和世界劲旅德国、美国，以及阿尔及利亚队分在同一小组。虽然由于整体实力的差距，中国队最后仅取得一胜两负的战绩，无缘八强，但姚明在比赛中的出色表现还是赢得了篮球专家们的高度认可。“小巨人”最终以场均21分、9.3个篮板和2.25次盖帽的成绩与德克·诺维斯基和马努·吉诺比利等篮坛名将一起入选了最佳阵容。紧接着，他又帮助中国队在釜山亚运会上夺得银牌。

2002年10月20日上午7点45分，伴随着潇潇的秋雨，姚明与父亲姚志源在全国人民的祝福声中飞赴美国休斯敦，正式开始自己在NBA的征程。

经过十几个小时的长途旅行之后，姚明终于到达了休斯敦。刚一下飞机，他就感受到了美国人民的热情好客。休斯敦市的副市长戈登·关、火箭俱乐部总经理道森、主教练汤姆贾诺维奇等人都亲自前来机场迎接姚明。蜂拥而至的球迷和记者将候机大厅围得水泄不通，有人还打出了专门用中文写着“欢迎姚明”的大幅标语。有记者赞叹说：这么热烈的欢迎场面，也许只有昔日风靡全美的摇滚乐团甲壳虫乐队能与之媲（pi）美。

在姚明一行驱车赶往火箭队主场康柏体育馆的路上，沿途迎接他的民众络绎不绝。在球馆里，俱乐部专门组织了一个盛大的仪式，将姚明介绍给所有的球迷。

新闻发布会上，姚明表达了自己对胜利的渴望：“希望我能迅速地适应新环境，带领球队赢得很多场比赛的胜利！”

姚明在休斯敦的新家位于市中心西边一片景色非常优美的湖滨区，是一幢面积超过300平方米的阿拉伯式别墅。为了让姚明安心比赛，他的父母专门来到美国，照顾他的日常饮食起居。有了家庭无微不至的关怀，“小巨人”在赛场上拼搏起来就更有干劲了。

球队还专门为姚明配了一个专职翻译，名叫潘克伦。初到美国时，姚明的英语说得不太流利，偶尔还会在记者采访时冒出一句中国成语。这下可把潘克伦忙得焦头烂额，经常为将某个成语恰当地翻译成英语而冥思苦想。好在随着姚明在美国时间的增加，他的英语水平逐渐进步。在新闻发布会上，“小巨人”已经能够用简单的英语回答记者的提问了。偶尔姚明还会指正潘克伦翻译不准确的地方，老潘的工作也变得轻松多了。

初登NBA赛场

2002年10月31日，休斯敦火箭队飞赴客场挑战印第安纳步行者队。在比赛进行到第二节时，姚明替补出战，这是他第一次在NBA常规赛中出场。

状元秀的亮相吸引了整个美国的关注，所有人都迫不及待地想看到姚明在比赛中的表现。整个康塞科球馆座无虚席，涌进了近两万名观众。热情的球迷打出了“THE NEW MING DYNASTY（新明王朝）”的标语；在大洋彼岸的中国，更是有接近3亿名热心的观众通过电视直播收看了姚明在NBA的第一场比赛。

然而，姚明在比赛中的表现却差强人意。毕竟他刚刚接触这个球队才10天，没有参加过夏季联赛和训练营，对NBA的打法也几乎一无所知，他显然还没有完全适应比赛的节奏和气氛。姚明刚一上场，就被步行者队中锋杰夫·福斯特和后卫埃里克·斯特里克兰连续抢断成功，步行者的头号球星杰梅因·奥尼尔也几次单打姚明得分。对手积极的拼抢让姚明很不适应，在比赛中他多次被撞倒。打了7分钟后，姚明回到场下。

第四节时，姚明再度上场，但他依然无法找到自己的位置。本节开始后1分50秒，姚明12英尺中距离转身跳投不中。这也是他全场比赛唯一一次投篮。

最终火箭客场82：91输掉了比赛，姚明出场11分钟，得到零分、两个篮板，另有三次犯规和两次失误。

虽然第一次亮相表现不尽如人意，但姚明并没有气馁。在赛后的新闻发布会上，他依然面带着笑容。“这叫做重走长征路吧？”姚明表示，“我知道，今晚有一些遗憾，但万事总要有个开始，这就是我的开始。今后我能够达到和实现的一切，都将源于这个遗憾的开始。5年前我是CBA的新秀，现在我是NBA的新秀，就是这么简单。就像当初在CBA，我向很多人学习过东西；现在在NBA，当然也一样。我也不在乎压力，会给我压力的东西很多，状元秀、新的国家、新的联赛、新的对抗，还有那么多人来采访，但我不往心里去，这是我的必胜法宝。”

通过比赛，姚明清醒地认识到了自己在对抗能力和步伐速度方面的不足。“小巨人”虚心向每一位队友请教。在球队的训练课上，他总是最刻苦认真的球员之一。刚到火箭队的时候，体能教练法尔松曾经告诉姚明：“你怎样对待你的身体，你的身体就怎样对待你。”姚明把这句话当成了他的座右铭。

当时的火箭队正处于低谷，在经历了20世纪90年代的辉煌之后，随着主力阵容的日趋老化，球队的战绩一直不太理想。2000年，火箭队16个赛季以来首次未能进入季后赛，2001—2002赛季的成绩也仅为28胜54负，球队亟需一位领袖带领他们走出困境。姚明、弗朗西斯以及莫布里的组合让火箭球迷们对火箭的未来充满了信心。

在火箭的丰田中心球场外，经常聚集着许多穿火箭队球衣的小球迷。这其中，姚明的“粉丝”要占一半。“运气好的话，我能弄到姚明的签名呢！”一个身穿姚明11号球衣的小朋友认真地说，“妈妈告诉我，如果我每天多吃水果，我就能和姚明长得一样高！”

姚明也没有让喜欢他的观众们失望。通过艰苦的努力，他迅速适应了新的环境。在赛场上，姚明认真听从教练的指挥，不断从错误中总结教训。凭着永不言弃的精神，中国“小巨人”一步一个脚印地开始了自己的NBA征程。

2002年11月2日，在火箭队客场挑战丹佛掘金队的比赛中，姚明替补出场12分钟，5投1中得到2分和7个篮板，帮助球队取得胜利。第二节进行到1分19秒时，姚明在左侧3秒区外转身跳投建功，这也是姚明在NBA首次得分。

2002年11月16日，火箭队客场迎战太阳队，姚明上场14分钟，取得10分和2个篮板。

2002年11月18日，火箭队客场对阵卫冕冠军洛杉矶湖人队。虽然著名中锋沙奎尔·奥尼尔没有上场，但拥有科比·布莱恩特和“小鱼”德里克·费舍尔等名将的湖人队实力依然不容小觑（qù）。火箭队面临着一场恶战。

姚明在第二节替补上阵。刚一上场，他就接泰勒传球，高高跃起来了一记势大力沉的暴扣，开启了火箭队的攻势。随即“小巨人”又在内线连续抢得进攻篮板后补篮得手，充分展现了他巨大的进攻威力。湖人队也不甘示弱，科比连续中距离投射命中，带领球队始终紧咬比分。随着比赛的进行，姚明的体力有所下降，连续出现走步违例。上半场结束前2分10秒，姚明下场休息。

进入第四节，火箭以59：64落后。眼见形势不利，主帅汤姆贾诺维奇令旗一挥，姚明再度披挂上阵。本节开始后2分8秒，弗朗西斯妙传给姚明，姚明出手就投，打三分成功。火箭随即大举进攻，一轮疾风骤雨般的攻势之后，他们以70：66反超。

湖人队不愧为卫冕冠军，他们立即展开了凶狠的反击。科比内外线接连得手。凭借他的出色表现，湖人队在终场前1分23秒将比分追成86：87。关键时刻，姚明挺身而出。在比赛结束前1分钟，他接队友霍金斯传球，高高跃起灌篮命中，并加罚成功，帮助球队再度夺回了比赛的主动权。

最终，火箭队客场93：89击败了洛杉矶湖人队。姚明的出色表现成为全场最大的亮点之一。“小巨人”在比赛中替补出场23分钟，9投9中砍下20分和6个篮板，全场投篮命中率高达100%。尤其是在关键的第四节，姚明独得8分，为火箭队最终力克对手立下了奇功。此外，他在比赛中的几次激情洋溢的大力扣篮也给观众们留下了深刻的印象。

由于外国人很难掌握汉语声调，所以主场的解说员经常会把姚明的读音“变调”，把“姚”变成“要”，把“明”

变成“命”。每次姚明得分之后，解说员都会拉长语调，声嘶力竭地大喊一声“要(姚)——命(明)——”，然后全场观众就会合唱一段欢快的“姚明之歌”：“姚明，姚明姚明姚明……”曲调虽很简单，却足以表达休斯敦球迷们对这个中国“小巨人”的喜爱。

刚到美国，姚明对一切都还不了解。火箭助理教练琼斯耐心地指点姚明：当现场播音员叫到你名字时，要奔跑着入场，并与队友一一击掌。对姚明来说，这一切都很新奇。

在比赛中，姚明也努力用自己的实际行动去赢得队友的信任和尊重。他并没有因为自己是以“状元”的身份被选中的就抱怨别人不给他传球，而是以身作则，主动先给队友传球，然后再做挡拆配合。

队友们也都很喜欢这个谦逊好学的大个子，得分后卫卡蒂诺·莫布里和火箭队的头号球星弗朗西斯很快就和他成为了无话不谈的好朋友。刚刚接触NBA，姚明对火箭队的战术不熟悉。有好几次，队友格里芬急得直接拉着姚明的球衣，给他指明正确的站位。弗朗西斯一向以打球“独”而著称，可就连他也经常会在比赛中给姚明传球。甚至连火箭队的对手也喜欢上了这个谦逊温和的中国巨人。每次姚明把球扣进篮筐后，都会给防守他的队员一个充满歉意的微笑，让人无法抗拒他的魅力。

美国国家地理杂志“电视频道”高度评价姚明在赛场内外的表现：“姚明为美国的观众展现了中华民族的美德，他是中美之间相互了解的桥梁和世界青年的榜样。”

经过一段时间的磨合之后，姚明逐渐适应了NBA的打

法，他的发挥也越来越好。

2002年11月22日，火箭队客场挑战此前已经获得十一连胜佳绩的西部劲旅小牛队。

在这场“德州内战”（火箭和小牛同在德克萨斯州）中，姚明用自己出色的表演征服了所有观众，也让那些质疑他能力的人彻底闭上了嘴巴。

最终姚明在33分钟的上场时间里12投10中，砍得30分和16个篮板的大号两双战绩，得分和篮板数均居全场队员之首。此外他还贡献了两次盖帽、一次助攻。

短短的几天时间，姚明就完成了10分到20分，再到30分的三级跳，这让许多专家都大跌眼镜。这位来自中国的小巨人，终于要在NBA的广袤天空中展翅翱（áo）翔了！

“今晚我确确实实自信多了，从技术角度而言，我感觉非常好。今天我上场的时间增加了，当然，我希望有更多的出场时间，但我必须提高自己的耐力。”姚明在比赛之后表示，“他们对我的防守非常严密，使我难以获得很多机会。”

虽然取得了骄人的战绩，但姚明并没有沾沾自喜：“我总是把比赛分成两个部分：一半是享受比赛，另外一半则是获胜，今天我们只完成了一半任务。”

火箭队主教练汤姆贾诺维奇高度评价了姚明在比赛中的表现：“他进行了刻苦的训练，他做到了像他那样身材的人所不能做到的事。他拥有速度，更重要的是他热爱这项运动。同时他在场上也很无私，比赛末段，他曾有一次一打一的机会，但他没有独食，而是将球分给了位置更好的队友。姚明绝对是一位明星级的球员。”在此之前，虽然姚明以状

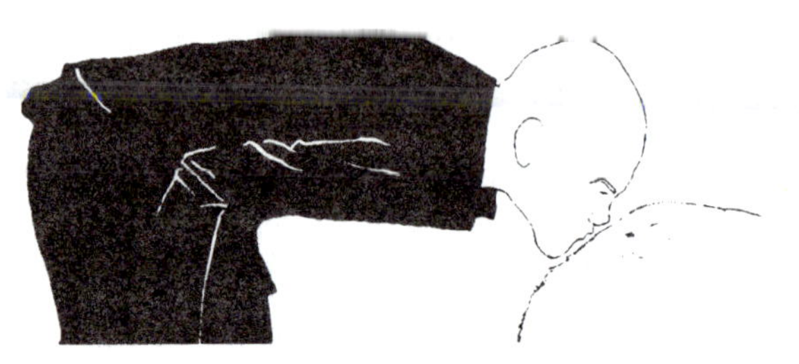

元秀的身份加盟NBA，但关于他的争论从来没有平息过。大多数人都对姚明出色的身体素质和良好的手感印象深刻，认为他一定能成为NBA中最优秀的中锋之一。但也有些专家认为姚明的移动太缓慢，不会有什么大的作为。

在TNT电视台担任节目嘉宾的NBA前球星查尔斯·巴克利甚至放言说，如果姚明在他的第一个赛季中有任何一场比赛的得分达到20分，他就当着电视观众的面亲吻驴屁股。

面对众人的质疑，姚明很快就用自己的出色表现证明了自己的实力。在小牛队与火箭队比赛的上半场，姚明就攻下了21分，结果巴克利不得不兑现诺言，在直播节目中亲了驴子的屁股一下。这个有趣的小插曲在很长时间里被球迷们津津乐道。

姚鲨大战

2002年11月23日，姚明第一次在NBA赛场上首发出场，对手是传奇巨星乔丹领衔的华盛顿奇才队。

早在1998年，姚明就曾参加过乔丹主办的训练营，并有幸接受了乔丹的个别辅导。姚明出色的身体条件以及谦逊好学的态度给乔丹留下了深刻的印象。时隔四年之后，两人终于在NBA赛场上相遇了。

在这场比赛中，姚明延续着自己良好的竞技状态。他上场33分钟，11投7中，砍下了全队最高的18分，外加8个篮板。火箭队最终也以93：86战胜对手。

凭借自己的不懈拼搏，姚明逐渐得到了球迷和专家的认可，火箭队主教练汤姆贾诺维奇对他也更加信任了。随着中锋科里尔因胫骨受伤休战，姚明在球队里坐稳了火箭队先发中锋的宝座。在主教练的安排下，球队的内线进攻也更多地围绕姚明进行。

由于磨合时间还太短，球员与姚明的配合还有些不熟练。毕竟此前以外线进攻为主的火箭队要把中心转到姚明所在的内线来，需要一个很长的过程。尽管如此，火箭队的进步还是得到了诸多专家的肯定。

2002年12月19日，火箭队迎来了老对手步行者队。这也是一场姚明的“复仇之战”。在一个多月前的揭幕战中，正是由于步行者队头号球星杰梅因·奥尼尔的严密防守，才使得初登NBA赛场的姚明一分未得。此番再度交手，姚明憋足了劲要报仇。

在比赛中，姚明充分展现了他强悍的个人能力，在攻防两端彻底统治了球场。“小巨人”不但频频强攻内线得手，还多次送出精彩封盖。最终姚明交出了29分、10个篮板、6个盖帽的SUPER STAR（超级巨星）级成绩单，带领球队战胜对手，也酣畅淋漓地报了首战失利的一箭之仇。

2003年1月18日，火箭队主场迎战卫冕冠军洛杉矶湖人队。姚明遭遇到了他加盟NBA以来最强劲的对手——“大

◎沙奎尔·奥尼尔（Shaquille O'Neal），NBA历史上最伟大的中锋之一，绰号“大鲨鱼”。1972年3月6日出生于美国新泽西州的内瓦克。1992年参加NBA选秀，被奥兰多魔术队以第一轮第一位选中。个人主要荣誉：1999—2000，2000—2001，2001—2002，2005—2006赛季四次带领球队夺得NBA总冠军。1996年亚特兰大奥运会男篮金牌。1992—1993赛季年度最佳新人。连续14年入选全明星。连续3次获得总决赛MVP（与迈克尔•乔丹共同保持此纪录）。一次常规赛MVP。1998年被评为NBA历史五十大球星之一。技术特点：场上巨无霸，威力无敌。大力灌篮与篮下小勾手是其必杀技，总体实力超一流。

鲨鱼”沙奎尔·奥尼尔，这也是状元秀与称霸联盟的超级中锋间的第一次直接对抗。火箭队特意把球队历史上的传奇球星摩西·马龙、奥拉朱旺都请到康柏球馆，一起见证历史。

比赛之前还出现了一个有趣的插曲：在2003年NBA全明星赛的最新投票结果中，姚明的票数远远超过了奥尼尔，这就意味着他将取代“大鲨鱼”在全明星赛中的首发中锋位置。奥尼尔显然对这一结果很不满意，他在媒体上公开扬言，要在比赛中让姚明尝尝他“铁肘”的滋味。姚明听到这个消息之后，只是淡淡一笑。

1月18日晚上，万众瞩目的“姚鲨之战”终于如期拉开了帷幕。这场焦点之战吸引了无数观众的眼球，共有16285名球迷涌入康柏体育馆，为双方运动员呐喊助威。比赛的直播创造了美国有线电视历史上篮球比赛收视率第二高的纪

录。在大洋彼岸的中国，也有数以亿万计的球迷在关注着火箭队的比赛。

随着姚明的加盟和他与球队战术打法的逐渐磨合成型，火箭队的成绩比前一个赛季有了显著的提高。湖人队在经历了赛季开局阶段的低迷之后，状态也开始明显反弹。与火箭队交手之前，他们已经取得了五连胜的佳绩。此番两强相争，究竟鹿死谁手，所有的球迷都在翘首以待！

开战伊始，姚明就给了奥尼尔一个下马威。他先是干净利落地封掉了“大鲨鱼”的投篮，随后又快攻在罚篮圈附近高手投篮命中，帮助球队首开纪录。科比连续外线三分命中，力助湖人队紧咬比分。湖人队将球传给了奥尼尔，后者内线投篮。又是姚明横空出世，将球狠狠地盖到了篮板上，给了对手一记漂亮的火锅盖帽！

面对体重达到330磅的“大鲨鱼”，姚明丝毫不落下风。他不但连续运用小勾手投篮和转身中投进攻得手，在开场后的2分30秒之中包揽了本队所得的前6分，还接连封盖了奥尼尔的前三次投篮。“小巨人”精彩的表演也彻底点燃了主场观众的激情，体育馆内响起一阵高过一阵的欢呼声。

面对开局不利的形势，湖人队迅速调整了自己的状态。科比看准空当，妙传给篮下无人防守的奥尼尔，后者一记泰山压顶般的重扣得分，帮助湖人队扳回一城。

此后双方互有攻守，比分一路胶着。在防守端，姚明坚决执行了教练赛前的战术安排，通过与格里芬的配合，有效地遏制了对手的攻势，对整个内线的控制非常到位。姚明在篮下出色的防守给对手的进攻制造了很大的麻烦。

第四节结束前，湖人队开始发力。科比一记漂亮的后仰跳投，帮助球队再次将比分超出。随即他又两罚一中，带领湖人以92：89领跑，场上形势对火箭队非常不利。

关键时刻，姚明扯到外线，挡在队友与防守队员之间。弗朗西斯外线果断出手，三分命中。

92平！比赛被拖入加时赛。

进入加时赛，双方的拼抢更趋白热化。终场前33秒6，火箭队领先2分。此时场内的气氛已经达到了最高潮，球迷们狂野的呐喊声几乎把球馆的顶盖都要掀翻了。人们高呼着姚明的名字，希望他能创造奇迹。弗朗西斯在外线穿插之后看准机会，将球传给篮下无人盯防的姚明，“小巨人”双手大力暴扣得手。凭借这个精彩的进球，火箭队最终经过加时赛以108：104险胜卫冕冠军湖人队，终结了对手的五连胜。

姚明在比赛中总共出场38分钟，14投5中获得10分、10个篮板的两双战绩，另外还送出了6次盖帽和3次助攻。虽然数据没有奥尼尔耀眼，但他在加时赛最关键时刻的扣篮决定了比赛最终的胜负，真可谓是“一球值千金”。此外，“小巨人”6次精彩绝伦的盖帽也大大鼓舞了球队的士气。在他的带动下，火箭全队都有上佳表现，弗朗西斯更是取得了职业生涯中最高的44分和11次助攻。

赛后，美国各大主流媒体第一时间刊登了“姚鲨之战”的消息。

《纽约时报》的专栏记者罗伯茨撰写了题为“姚明比奥尼尔更像一个巨人”的文章。文中说，一个真正的巨人已经诞生了，奥尼尔应该承认这个事实。当奥尼尔大声抱怨的时候，姚明却展现了他那商标式的冷静。从第一天开始，他就非常无私，希望融入到新的集体中去。

《洛杉矶时报》的NBA专栏作家隆尼·怀特则发表评论，认为姚明虽然在内线控制力方面不及奥尼尔，但他显示了自己硬朗的作风和出众的技术，并且在球队的胜利中发挥了极其重要的作用，打破了奥尼尔神话。这场决斗虽然还不足以与张伯伦VS贾巴尔那次相提并论，但人们期待已久的湖人奥尼尔和火箭新秀姚明之间的“巨人之战”并没有让人失望。

双方的教练和球员也高度评价了姚明的表现。

“这感觉很好，”奥拉朱旺说，“从摩西到我到这个年轻的家伙，好像休斯敦伟大中锋的轨迹。”

“这是我希望看到的，”摩西·马龙表示，“与他（奥尼尔）战到一处。如果有希望获胜，就绝对不要轻言放弃。大姚也会帮助我们夺取总冠军。我一直以为我（在火箭队球星中）是最差的，在身高6尺10寸以上的球员中，姚明是下一个巨星。从MVP到MVP到MVP，这是他的方向。”

湖人队主教练菲尔·杰克逊也对姚明赞誉有加：“姚明抓住了很好的机会，在与沙克的对抗中发挥得不错，通过今晚的比赛获得了更高的可信度。”

队友弗朗西斯笑着说：“我看姚明真是太激动了，这或许是他将平时易如反掌的投篮都不幸浪费掉的原因……但是，在比赛的开始阶段，他的几次伟大投篮让人回味无穷……证明了他是一名伟大的中锋。”

“姚鲨之战”的消息也在姚明的故乡上海引起了巨大的反响。人们通过电视、广播以及网络等渠道时刻关注着比

赛的最新消息，上海的地铁、公交车、出租车、广场随处都可以听到人们在议论着姚明和火箭队。

一位正在出差的外资企业职员甚至让在家中收看电视直播的妻子用电话向他随时通报最新比分。

面对潮水一般涌来的赞誉，姚明仍然保持了他一贯的东方式谦逊：“我所能说的只是我帮助球队获得了胜利。正像大家看到的一样，奥尼尔非常强壮。我还需要不断努力。”

凭借新秀赛季的出色发挥，在2003年的NBA全明星赛中，姚明以远远超过第二名的票数当选为全明星赛的首发中锋，这也是亚洲球员第一次获得这一殊（shū）荣。

全明星赛后，火箭队开始向季后赛发起了冲击。最终，火箭队因为比太阳队少取胜一场，遗憾地结束了自己在2002—2003赛季的征程。

正在姚明和他的队友们为了获得季后赛门票而奋力拼搏的时候，一个不幸的消息传来了：火箭队主帅汤姆贾诺维奇患上了膀胱癌。

虽然火箭队没能杀入季后赛，但姚明的出色表现还是赢得了球迷和专家们的一致认可。

在“小巨人”的新秀赛季里，他场均得到13.5分、8.2个篮板和1.8次盖帽，帮助火箭队将战绩从上一个赛季的23胜59负提升到42胜40负。

在联盟所有的新秀中，姚明综合排名第二位，仅次于菲尼克斯太阳队的阿玛雷·斯塔德迈尔。

姚明在赛场上的优异成绩也为他赢得了众多的拥趸（dǔn），越来越多的球迷喜欢上了这个风趣幽默、平易近人的东方巨人，“姚明”这个名字迅速传进千家万户。记者们还给他起了个有趣的绰号：“中国大娃娃”。

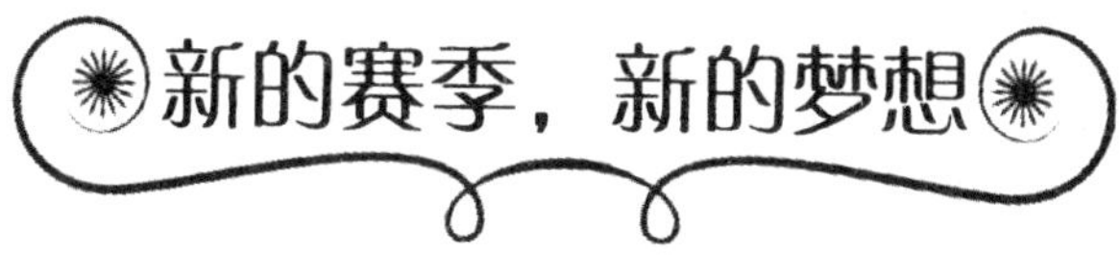

新的赛季，新的梦想

在前任主帅汤姆贾诺维奇因患膀胱癌被迫离开火箭队主教练之位后，火箭队经过近两个月的挑选，最终确定杰夫·范甘迪为汤帅的接班人。

范甘迪是一名执教经验非常丰富的教练。1995—1996赛季，范甘迪开始出任纽约尼克斯队主教练。在他执掌尼克斯队帅印的前6个赛季中，尼克斯队都杀入了季后赛，在季后赛中的战绩为37胜32负。范甘迪带领尼克斯队取得了248胜172负的战绩，是尼克斯队历史上取胜场次第三多的执教教练。1998—1999赛季是范甘迪执教生涯最辉煌的一个赛季，当时他们以常规赛东部第八名的身份一路过关斩将，勇夺当年的东部冠军，杀入最后的总决赛，创造了不可思议的“黑八神话”。只可惜在总决赛中他们以1∶4被圣安东尼奥马刺队击败，屈居亚军。

针对球队中存在的问题，范甘迪对火箭队的战术体系作了重大调整。他逐步地把自己的防守理念灌输给火箭队

球员，强调减慢进攻速度，运用传导球撕开对手的防线，觅得进攻的机会。在防守端，范甘迪确立了姚明的内线核心作用。

在季前赛六场比赛中，姚明平均每场砍下19.7分和9.7个篮板球，投篮命中率达到65.2%，这三项数据都是全队第一，全联盟前十。“小巨人”的技战术水平比“处子秀”赛季有了大幅度的提高。新帅范甘迪充分肯定了姚明的表现，他在接受采访时表示：“姚是攻防枢纽！不是以后，我希望从今天起。”

对于即将到来的新赛季，姚明充满了信心：“季前赛的发挥只是常规赛60%～70%的水平，我肯定会比上赛季好，我们的目标是一定要进季后赛。请别再拿我当新秀，咱们已经见过大世面了。”

在谈到第二个NBA赛季的感受时，姚明幽默地表示：“去年刚来到休斯敦时，我下飞机的感觉就像去上班，今年我下飞机的感觉是像回家了。”

在2003年第5期出版的《体育画刊》中，姚明再次当选为封面人物，旁边辅以“这是属于姚明的一年”的醒目标题。这已经是姚明不到一年的时间里第二次入选该刊的封面了。作为美国最有影响力的体育杂志，《体育画刊》在这么短的时间里两次以同一名中国运动员做封面人物，足以证明姚明在美国的受欢迎程度。

新的赛季，火箭队告别了康柏中心，坐落在市中心的丰田球馆成了球队的主场。一同留在康柏中心的还有姚明旧更衣箱门上的那张红色的年画。在丰田球馆的主队更衣室里，

姚明的更衣箱被安排在门边，这样记者们采访时就能更容易地找到他了。

新教练、新战术、新球馆，姚明和火箭一起期待腾飞。

2003年10月31日，火箭队在新赛季的揭幕战在丰田中心正式打响，对手是拥有“探花新秀”的卡梅罗·安东尼的西部强队丹佛掘金队。共有18189名球迷涌入主场，见证了姚明新赛季的第一次亮相。

比赛开始阶段，新帅范甘迪的战术意图得到了很好的贯彻，姚明接球的机会明显比上赛季增多了。开战后一分钟，姚明接球转身跳投命中，为球队首开纪录。随即他又背转身勾手投篮，为球队再添两分。姚明包揽了本队所得的前六分，带领球队以6：2先声夺人。“小巨人”的精彩表演也彻底点燃了体育馆内的热情，球迷们高声唱起《姚明之歌》。

进入最后一节，掘金队大举反扑，安东尼连续进攻得手，帮助球队逐渐将分差缩小。关键时刻，姚明用中投稳住了火箭队的阵脚。随即他又与队友纳赫巴做了一个精彩的挡拆配合，由后者3分命中。最后时刻，姚明勾手得分，帮助球队奠定胜局。

最终火箭队以102：85击败对手，赢得新赛季的开门红。姚明虽受困于犯规过多仅仅在比赛中出场21分钟，但依旧凭借8投6中的高命中率拿下19分，此外还有3个篮板和3次盖帽入账，为本队获胜立下头功。

一年前，姚明在NBA的首次亮相中只得到0分和2个篮板。在进入NBA的第二个赛季，“小巨人”用自己的完美亮相交出了一份令人满意的答卷。赛后接受采访时，姚明表

示："现在的感觉很自如，就像在上海为大鲨鱼打球一样。我真希望有一天，我能像哈基姆（奥拉朱旺）一样成功。当他在火箭队的时候，我看过他的很多表演和取得的成绩，我对他的成功甚至有些嫉妒。有一天，也许我也能做到。"

赛后，美国各大主流媒体也在第一时间对姚明的精彩表现做出了点评：

美联社表示，范甘迪的到来，改变了姚明在队中的角色。作者指出，姚明仅仅上场20分钟就拿到了19分，体现出他是进攻上的核心；连稍微显得有些多的5次犯规，也体现出他在防守中的主要作用。

《华盛顿邮报》尤为赞赏姚明在防守方面的努力，尤其是他和掘金队新秀前锋安东尼的较量。安东尼全场拿下了18分，可谓表现不俗，但是姚明却在比赛中赏了他两个"火锅"。文章作者把这两个精彩的盖帽称作本场比赛的"标志性时刻"。

NBA官方网站评价说，姚明的表现让范甘迪得偿所愿，那就是把进攻中的主要角色从"老大"弗朗西斯变成来自中国的大个子。文章在称赞姚明的同时，也指出姚明有些犯规是可以避免的，火箭队将在今后的训练中加强他在这方面的能力。

11月1日是西方传统的万圣节。训练结束后，姚明与父母在家中度过了一个轻松愉快的节日。为了庆祝节日，姚妈妈特意在门外挂了一盏漂亮的南瓜灯。姚明还和登门做客的球迷一一合影留念。

一位只有七八岁的小球迷拉着姚明的手，认真地问：

“姚明叔叔，你上场打球时带上我好不好？”姚明笑着回答说：“好啊，等你再长高点，我一定带你上场比赛。到时候你就是火箭队的秘密武器了！”

随着赛程的深入，姚明的发挥也渐入佳境。他忠实地执行了教练的战术安排，在比赛中与队友密切配合。在11月的15场比赛中，姚明共有9场比赛拿到两双的战绩。

进入NBA第二年，姚明的英语水平也有了很大进步。训练间歇，他会用英语和队友开上几句玩笑；而在比赛时，姚明也会和队友偶尔交流一下对赛场局势的看法。除非是主教练大段的篮球术语，一般他都不需要潘克伦的翻译了。

没有比赛的日子，姚明还抓紧时间苦读美国俗语。潘克伦表示，姚明已经能与队友做一些简单的交流，但一些美国俚（lǐ）语姚明还是听不懂，所以要加紧学习，以便更好地与队友和教练沟通。

“我去年不在这里，但是看他对语言文化的适应程度和各方面的调整情况，我觉得真是让人难以置信。”火箭队主教练范甘迪表示，“像他那种尺寸的球员，仅仅只有一些小问题需要解决，比如攻防转换、挡拆和防守，这些需要大家一起来提高。”

范帅还对姚明在赛场上的良好球风赞不绝口："去年我第一次看他打球就被他吸引住了，并不是因为他的名字或者是他的球技，而是他的风度和谦虚。他被撞倒在地后是爬起来继续战斗，而不是去找裁判喋（dié）喋不休地乞求吹哨。无论是成功还是失败，他都能心如止水。在球迷的眼中，他的翩翩风度能对其他我行我素的NBA球员产生正面影响。"

细心的球迷发现，姚明在比赛中变得更加强悍了。他在篮下的拼抢更加积极，对抗能力也明显提高。"小巨人"的体重已经增加到了140公斤，比刚到NBA时足足重了10公斤。通过刻苦的力量训练，姚明的下肢逐渐强壮，他再也不是那个在比赛中一推就倒的大个子了。尽管这样，主帅范甘迪还是在记者面前希望姚明能更凶悍一些，打出内线统治者的霸气。

听到主教练的言论，姚明无奈地笑了："我承认自己还不够狠，我想，这跟环境有关。我从小就生活在竞争并不是很激烈的环境里，以我这种条件，在中国就像生活在暖棚里一样。很多东西是拼来的，而不是争来的，虽然这些也是我自己努力的结果。到这里后，一切都改变了。我感觉自己在训练和比赛中已经很努力了，真的非常努力了，可他们还是对我不满意，觉得我在精神上没能达到他们的要求。这个跟文化有关——又说到文化了！我很讨厌说什么东西方文化间的差异。我感觉，篮球这东西在不同国家有不同的意义，各个国家文化背景不一样。但不管是什么文化背景，凶狠一点应该是没错。"

2003年12月7日，姚明的职业生涯迎来了新的高峰。在当晚主场对阵上届篮板王本·华莱士领衔的东部强队底特律活塞队时，“东方小巨人”取得了个人进军NBA的首次“双20”，率领休斯敦火箭队以86：80击败前来挑战的对手，迎来了火箭队的三连胜。

在比赛之前，还出现了一个有趣的小插曲。由于休斯敦的西南高速公路和610环线被关闭，姚明直到晚上6点15分才赶到火箭主场丰田中心，比通常的规定报到时间晚了约15分钟。姚明也因此被铁面无私的主教练范甘迪处以罚款。

这个意外的插曲并没有影响姚明很快进入状态。比赛开始后，姚明凭借强悍的内线控制力彻底统治了比赛，开场两分钟内就送给对手三记盖帽。在NBA球队中，活塞队素以防守严密凶狠著称。队中大将本·华莱士更是连续两届荣获NBA最佳防守球员及联盟篮板王，因为脾气暴躁而有“怒吼天尊”的外号。然而那一晚，在姚明的璀璨光芒下，NBA两届最佳防守球员也只能望球兴叹。在进攻端，姚明充分展示了自己的能力：打板入筐，后仰跳投，勾手得分……“小巨人”简直无所不能。

进入第二个NBA赛季之后，姚明与“对手”的配合也日渐默契，这一点在比赛中也很好地体现了出来。上半场结束前7分钟，弗朗西斯运球突破后，巧妙地传给位于左侧底线附近的姚明，姚明心领神会，双手重扣得分，精彩的配合激起了场内雷鸣般的掌声。终场之前，姚明在对手的包夹中传球给队友泰勒，后者轻松打板进筐。兴奋的泰勒冲到姚明面前，两人用NBA的庆祝方式——撞胸表示庆祝，姚明与队友

珠联璧合的精彩配合充分彰显了一个事实："小巨人"已经充分融入到火箭队的战术体系中，开始真正地享受比赛了。

最终姚明斩获了全队最高的22分和20个篮板，在NBA赛场首次拿下"双20"，同时还刷新了个人在NBA的单场篮板纪录。此外他还贡献了4次盖帽。战胜对手之后，火箭队取得三连胜。

赛后，活塞队的坎贝尔评价起对手时显得心服口服："我从来没有看见姚明像今天这样出色，虽然我已经尽力使他远离篮筐，但是他投篮依然能够命中。我一直认为自己是名出色的防守球员，但是姚明是那么高！当他起跳投篮时，整个高度几乎有4米，这真让人灰心！"

活塞队的主教练布朗也对姚明的表现赞赏有加："姚明是位非常优秀的球员，他赢了一场伟大的比赛！今天我们的投篮非常不准，我们在外线投失了那么多球，而火箭队总是能抢到关键的篮板。"

虽然成为当晚赛场上最耀目的巨星，姚明依旧保持了一贯的谦逊，他说："当面对像底特律活塞队这样优秀的球队时，我们要做的就是尽力抢到篮板，我只是干好了自己的这份活儿！"

杀入季后赛

一分耕耘，一分收获。通过艰苦的努力，姚明在NBA赛场上的表现越来越好。凭借自己的刻苦拼搏，"中国小巨人”正迅速成长为NBA明星中的一员。姚明深刻体会到：尊敬是自己争取来的，而不是别人给的。只有用认真敬业的态度面对每一场比赛，才能赢得球迷和队友的尊重和信任。

2004年1月26日，在客场挑战联盟两届得分王特雷西·麦克格雷迪领衔的奥兰多魔术队的比赛中，姚明充分展现了他强悍的进攻能力。他在第三节独取21分，全场共砍下37分和10个篮板，再次刷新了个人职业生涯的得分新高。“小巨人”的出色表现给麦克格雷迪留下了深刻的印象。

当时火箭队球迷肯定没想到，时隔五个月之后，这两位篮球明星会联袂出战，共同开创火箭队历史的新篇章。

2004年2月12日，火箭队主场迎战湖人队。在这场联盟顶级中锋的强强对话中，姚明以29分、11个篮板的战绩力压奥尼尔的24分、9个篮板，在“姚鲨大战”中终于首次战胜对手。从处子秀赛季的10分、10个篮板到今天能和联盟第一中锋分庭抗礼，四次“姚鲨大战”的变化充分展示了姚明的长足进步。

2月16日，在第53届NBA全明星赛中，姚明再一次当选为西部明星队首发中锋，与他一起入选的还有他的队友弗朗西斯。

在一年前的全明星赛中，首发出场的姚明只得到2分、2个篮板。此番二度出征，姚明的表现有了长足的进步。他先是抢下前场篮板球后重扣得分，随即又接邓肯的传球，投篮命中。紧接着，姚明与自己的老搭档弗朗西斯又为观众奉献了一次精妙的进攻：姚明在高位接弗朗西斯助攻，空中作业再得两分。两人精彩的配合激起了斯台普斯中心全场观众长

时间的掌声。首节姚明拿下了6分，成为西部明星队中得分最高的选手之一。

在此后的比赛中，姚明继续着上佳表现：他先是面对本·华莱士转身跳投中的，随即又勾手单打小奥尼尔得分，充分展现了自己娴（xián）熟的进攻技巧和灵活的步伐。

最终先发出场的姚明拿下16分、4个篮板外加1次助攻，成为全队表现最夺目的明星之一。他所在的西部联队也以136∶132击败了东部明星队。

每一位参加全明星赛的球员都能得到一枚纪念戒指。戒指正面是一块黑色的玉石，周围一圈刻有NBA ALL~STAR字样，十分典雅大方。姚明决定将他的第二枚全明星戒指送给他曾经的国家队教练王非，希望他能跟自己一起分享全明星的荣誉。“我很想念他，希望他的身体状况能好一些。”姚明说，“在我见过的所有中国篮球教练里，王非是对篮球最专注的一个。他教给我很多东西，只可惜我懂得太晚。”

姚明是一个知恩图报的人。虽然他和王非平时天各一方，很少有时间交流，但姚明一直惦记着自己的恩师。在两年前的釜山亚运会男篮决赛中，姚明虽砍下23分和22个篮板球的双20战绩，却没能帮助中国队夺冠。坐拥主场之利的韩国队凭借比赛最后时刻的疯狂三分钟，硬生生从中国队手中夺取了金牌。中国队当时的主教练王非也因此引咎辞职。2003年中国队夺得亚锦赛冠军后，姚明在接受采访时表示：“我们不应该忘记王非。有很多他带给我们的理念，我到现在才能理解其中的深意。”据说，当时在电视机旁收看转播的王非听完这段话后，感动得热泪盈眶。

打完全明星赛后，姚明的状态达到了一个新的高峰。2004年2月23日，火箭队主场迎战亚特兰大鹰队。这场比赛也是姚明加盟NBA后最艰苦卓绝的战役之一，双方整整鏖战了三个半小时才分出胜负。

在第三节比赛结束的时候，姚明已经拿到两双——20分和11个篮板。两个加时赛打完，双方依然难分高下。关键时刻，姚明尽显巨星风采。第三个加时赛刚一开始，他就连续三次投射命中，包揽了本队所得的前8分。凭借“小巨人”的出色发挥，火箭队经过三次加时赛的苦战终于力克对手。结束哨响的那一刻，姚明和弗朗西斯紧紧地拥抱在了一起，姚明脸上洋溢着幸福的微笑。

姚明全场21投15中，轰下了41分、16个篮板、7次助攻，外加两次盖帽。41分和7次助攻也创造了姚明个人职业生涯得分与助攻的新高。

在比赛暂停期间，丰田中心的大屏幕上还出现了正在现

场观战的姚明的父母。球馆里的热烈气氛显然感染了姚明的父亲，一向稳重的他正随着音乐拍着手，这个有趣的画面也引来了球馆内许多球迷善意的笑声。

赛后，各大主流体育媒体都在头版的显著位置第一时间登出了火箭队战胜老鹰的消息，并对姚明的精彩表现大加赞誉。

福克斯体育电视网赛后表示，火箭队在主场经历了一场惊心动魄的比赛。姚明无疑是火箭队获胜的最大功臣，他不仅得到个人职业生涯最高的41分，而且还在关键时刻挺身而出，为球队的获胜做出了自己的贡献。

今日美国网站赛后表示，在自己职业生涯最长的比赛中，姚明似乎并不感到疲惫。他在内线的高度让老鹰很难防守，于是姚明不断地投篮得分。

此后，姚明延续着自己的精彩表演。2004年3月8日，姚明用29分、10个篮板的两双表现带领火箭队击败同在得克萨斯州的老对手小牛队。自此，姚明已经战胜过NBA的所有球队。2004年3月9日，凭借对阵森林狼队、湖人队和小牛队比赛中的出色发挥，姚明第一次当选NBA西部一周最佳球员。姚明在3月的状态达到了巅峰，在14场比赛中场均拿到了两双。

2003—2004年赛季，火箭队最终在常规赛中取得45胜37负的战绩，在时隔5年后再次闯入季后赛。姚明成了队中惟一的一名82场常规赛场场首发的球员，同时他也是球队的得分王。“小巨人”的出色发挥赢得了专家和球迷们的一致认可，在2004年4月26日NBA官方公布的赛季最佳阵容评选中，姚明凭借场均17.5分、9个篮板和1.9个盖帽的战绩入选了第三队。

再战“大鲨鱼”

季后赛第一轮，火箭队的对手是如日中天的洛杉矶湖人队。湖人队拥有“大鲨鱼”奥尼尔、“小飞侠”科比、“铁肘”卡尔·马龙以及“手套”佩顿等名将，实力明显要高出火箭队一筹。姚明在季后赛首次亮相就面临着严峻的考验。

在赛前接受采访时，姚明表示：“毕竟我以前没经历过NBA季后赛，只是队友们在获得季后赛资格后很兴奋，在训练中也很活跃。我们的赛前准备也详细了很多，因为现在的对手只是一支球队了，当然要做到知己知彼，季后赛和常规赛还是不一样吧！很荣幸能和湖人队这样一支球队对阵，他们是一支强队，也许是NBA有史以来最强大的球队，甭管他们是怎么组成的，也不是每支球队都可以有机会和他们在季后赛中过招的，也许以后我会怀念这些对决的。但是与这样的对手对阵也使我们的压力和困难都大了一点。”

姚明还谈到了他对洛杉矶的印象：“我们的赛程很紧，不可能在LA东逛西逛的。感觉这座城市很大，大得和我熟悉的地方又不太一样，我熟悉的上海到处是高楼，很密集，而LA的地形很分散，开车到一个较高的地方往下看，整片整片的都很整齐。”

2004年4月18日，火箭队与湖人队在系列赛的首场交锋在斯台普斯球馆正式打响。开场之后，湖人队率先发起猛攻，奥尼尔连续两次单打姚明成功。此后双方展开拉锯战，战况异常激烈。在与奥尼尔的对抗中，姚明还是显得有些稚

嫩，屡次陷入犯规陷阱。终场前14秒，奥尼尔利用他三百多磅的强壮身躯强行顶开姚明，抢得篮板球后在空中双手暴扣得分，并造成姚明防守犯规。“小巨人”累计犯规次数达到6次，被罚下场。

火箭队最终以71：72惜败于对手。姚明出场38分钟11投4中，取得10分和11个篮板的两双数据，另外还送出了3次助攻和1次盖帽。值得一提的是，姚明全场比赛惟一的一次盖帽就是盖在奥尼尔的头上。虽然从数据上看，姚明的10分11个篮板比“大鲨鱼”的20分17个篮板逊色不少，但“小巨人”在季后赛的初次亮相还是得到了不少专家的好评。

两天之后，双方的第二场交锋继续在湖人队主场举行。最终火箭队以84：98再折一阵，在七场四胜制的西区第一轮决赛中以总比分0：2落后，形势异常严峻。

姚明在本场比赛中19投8中，得到21分和4个篮板。与他对位的奥尼尔则创造了个人职业生涯季后赛单场得分新低，只得到7分、7个篮板的惨淡数据。

赛后，火箭队主教练范甘迪在新闻发布会上表达了对姚明的期望：“这是一个姚明努力想办法解决问题的绝佳的机会，他对抗的是NBA有史以来身体最强壮的最具统治力的球员。我们将会给他一些帮助，但他必须找到办法自己解决问题。”

姚明对自己本场比赛的表现不太满意，他检讨说：“奥尼尔在某一段时间内犯规很多，我本来应该更靠近篮下。这是我自己的问题，我没有好好利用自己得到的机会。”

火箭队与湖人队在季后赛狭路相逢，让洛杉矶当地的华裔球迷左右为难。当地华人陈军笑着表示："洛杉矶的华人内心很矛盾，身在洛杉矶理应支持洛杉矶湖人队，但姚明是华人的光荣，我们都是华人，又不能不支持姚明，希望姚明能够打出好成绩。"

一些热心的华人球迷还向姚明献计，建议"小巨人"应该学学打太极拳，化解"大鲨鱼"的力量，起到以柔克刚的效果。

4月24号，火箭队与湖人队的第三场系列赛移师休斯敦丰田中心继续举行。比赛之前，湖人队主教练菲尔·杰克逊专门制定了用"疲劳轰炸"绞杀姚明的战术，"小巨人"面临着严峻的考验。

刚一开战，姚明就表现出志在必得的气势。他先是一个大帽将佩顿势在必进的跳投搧飞，随即又单打奥尼尔后仰跳投得分。"大鲨鱼"随即单手扣篮，回敬两分。双方由此展开对攻战。姚明篮下强攻奏效，手感发烫。奥尼尔则频频强打内线奏效，表现同样与姚明不遑（huáng）多让。第一节结束时，火箭以29：23领先。姚明单节拿下6分和3个篮板。

第二节硝烟再起，湖人队明显加强了对内线的防守。第二节结束前3分36秒，姚明内线看准空当送出妙传，杰米·杰克逊左翼远射得手。奥尼尔累计三次犯规，被换下场，火箭队趁机大举进攻。姚明单打马龙，轻松跳投得分。上半场战罢，火箭队的领先优势扩大到13分。

第三节刚刚开战，姚明就在与奥尼尔的一对一对抗中后撤步跳投命中。"小巨人"精彩的表演引来全场观众排山倒海般的欢呼声。姚明回身退防时，湖人队球员费舍尔

正好一掌挥在他的脸上。姚明表现出了良好的修养，没有吭声。凭借姚明与弗朗西斯的出色发挥，火箭队继续掌握着比赛的主动权。来到最后一节，湖人队大举反扑。科比连续强攻内线得手，将比分追至只差4分。关键时刻，姚明在奥尼尔的贴身防守下一记勾手命中，帮助火箭队稳住局势。弗朗西斯随即连续上篮得分，彻底粉碎了对手扳回比分的希望。

最后时刻，急于扳回比分的湖人队球员动作有些粗野，马龙更是在一次抢位时狠狠地用肘子顶在姚明腰部，毫无防备的姚明一下子狠狠摔倒在地。球场里顿时一片哗然，球迷们纷纷大声抗议。大度的姚明站起来擦了擦汗，继续坚持比赛。在奥尼尔和马龙两大高手的轮番贴身防守之下，姚明在终场时累得几乎连胳膊都抬不起来了。

经过四节的鏖战，最终火箭队以101：92力克湖人队，将总比分追成1：2。姚明出场41分钟13投9中，斩获18分和

10个篮板的两双战绩，另外还有2次助攻和1次封盖。

赛后，湖人队主教练对姚明的表现赞不绝口：“姚明是一名很棒的防守球员，他将不断地提高。我觉得我们不会看到姚明能一下子突飞猛进，但是你将看到一位不断进步、稳步提升自己比赛水平的球员。”

火箭队主帅范甘迪这样评价自己的爱将：“姚明从来不虚张声势，这跟许多球员不太一样。但是他拥有真正的自信，从而让自己与众不同。我认为联盟中许多看上去很自信的球员其实不堪一击。”

姚明的队友吉姆·杰克逊说：“我从来不会对姚明感到吃惊，因为我清楚他的实力，现在他要做的只是让自己越来越成熟，让自己的实力能稳定地发挥出来。如果姚明能保持自信，三到四年内全联盟最具统治力的球员就会是他。一切都取决于姚明自己。”

获得季后赛的首场胜利后，姚明更加自信了。“小巨人”表示：“我觉得和前两场相比，我打得更聪明，也更适应了。季后赛和常规赛也没什么太大的不同，关键是我要打出自己的能力。”

4月26号，系列赛的第四场大战在火箭队主场打响。姚明再度身陷犯规陷阱。火箭队经过加时赛遗憾地输给了对手，总比分1：3落后的他们陷入了背水一战的绝境。姚明在比赛中得到16分和8个篮板。

第五战中，湖人队没有给对手机会。科比轰下全场最高的31分，带领湖人队97：78获胜。最终火箭队以总比分1：4被淘汰，遗憾地结束了自己2003—2004赛季的征程，姚明的

第一次季后赛之旅也就此戛然而止。

在与湖人队的系列赛中，姚明场均出战35.2分钟，得到15分、7.4个篮板和1.8次助攻。但美中不足的是，“小巨人”的场均犯规次数达到了四次，还两次因为累计六次犯规被罚下场。

通过与联盟顶级球队湖人队的五场较量，姚明在心理和技术上都积累了宝贵的经验，他对今后的比赛也更有信心了。赛季结束后，姚明笑着总结自己的不足：“明年我应该像马龙一样，在拥挤的禁区内更毒一点，更狠一点，更肆无忌惮（dàn）一点，并且要咆哮起来，冲对手咆哮，这是强烈的自信心和唯我独尊的巨星气质的表现。”

主帅范甘迪向媒体表达了他对姚明的殷切期望：“他是一名和善、无私的NBA‘二年级’球员，他需要作出一些改变。以后他不要总听别人说什么，有时候必须自己作出决定，将其他声音抛在脑后。他听得越多，脚步就会越慢。”

经过两个赛季的NBA征战，姚明已经成长为一名星光璀璨的篮球明星。他的出色表现点燃了中国乃至整个亚洲对篮球的热情，球迷们将姚明灵活的步伐形象地称为上海舞步。在《时代》杂志评选的全球100位最有影响力的人物中，姚明与南非前总统曼德拉、美国总统布什等著名人物一起当选。

2004年5月23日，中国青年联合会在北京为刚刚回国的姚明补颁了“中国十大杰出青年”奖，以表彰他所取得的卓越成就。团中央书记处第一书记周强表示，姚明不仅通过自己的努力在篮球领域取得了丰硕成果，同时也在世界面前、各国人民面前展现了中华民族的优良品质，对全国青少年起到了表率作用。他号召全国青少年学习姚明顽强拼搏的精神和谦虚谨慎的作风。

中国男篮主教练哈里斯十分欣赏姚明，他在接受采访时高度评价了姚明："姚明在中国社会里是绝对的偶像，目前，有很多年轻的孩子正在学习篮球，他已经影响了整整一代的孩子。"

加州的市场开发人员洪金辉则更多地关注姚明成功背后的社会意义："姚明代表了在美国的亚裔社会，他代表了我们的一部分文化，而此前，这种文化并未得以成功凸现。一直以来，亚洲人在技术、商业或者数学方面都很出色，但是他在体育方面做出了非凡的成就，很多平常并不热衷于篮球的人全力支持他，成了他的铁杆球迷。"

雅典，神话诞生的地方

2003—2004赛季季后赛结束后，姚明马不停蹄地赶回北京，与正在集训的中国男篮会合，开始全力备战雅典奥运会。

更让姚明感到自豪的是，他光荣地出任了中国体育代表团的旗手。

得知这个消息的时候，姚明正跟随中国男篮在立陶宛进行拉练。在接受记者采访时，姚明兴奋之余还回忆起了小时候的趣事："小学五年我最大的遗憾就是没当上升旗手，还在开玩笑说小学的老师眼睛长哪去了。不过这也是

◎雅典奥运会：第28届夏季奥运会于2004年8月13日至29日在希腊首都雅典举行。雅典奥运会是奥林匹克大家庭最大规模的一次团圆。202个国家和地区的10500名运动员，参加了28个大项301个小项的比赛，共创造了二十多项新的世界纪录。美国、中国和俄罗斯分别以35、32和27枚金牌排在金牌榜前三位，成为领跑的第一集团。奥林匹克在自己的故乡见证了世界体坛新格局的诞生——美、中、俄三强鼎立的新格局在上届奥运会初现雏形，在本届奥运会上进一步得到巩固。

因为我小的时候是那种中规中矩的，属于老师见着了也不烦，没见着也就想不起来的那种。等了这么多年，现在愿望终于实现了。”

为了在雅典奥运会上取得好成绩，有关方面专门聘请了在小牛队担任助理教练的“银狐”哈里斯出任中国男篮主教练，尤纳斯担任男篮的助理教练。针对中国男篮的技术特点，两位外教精心制订了一套训练计划，中国队的战术体系完全转变为内线打法为主，以姚明为绝对核心。全国球迷也对中国男篮在雅典奥运会上的表现寄予厚望。

在奥运会男篮比赛中，中国队抽到了实力不俗的A组。同组的有新西兰、西班牙、阿根廷、塞黑和意大利队，出线形势不容乐观。虽然以姚明为代表的中国球员在世界篮坛上表现出色，但许多外国媒体并不看好中国队。NBA官方特约篮球专家希姆尼·桑迪甚至预言说，中国队只能在本届奥

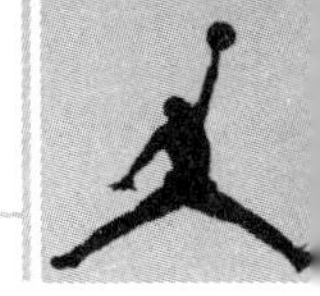

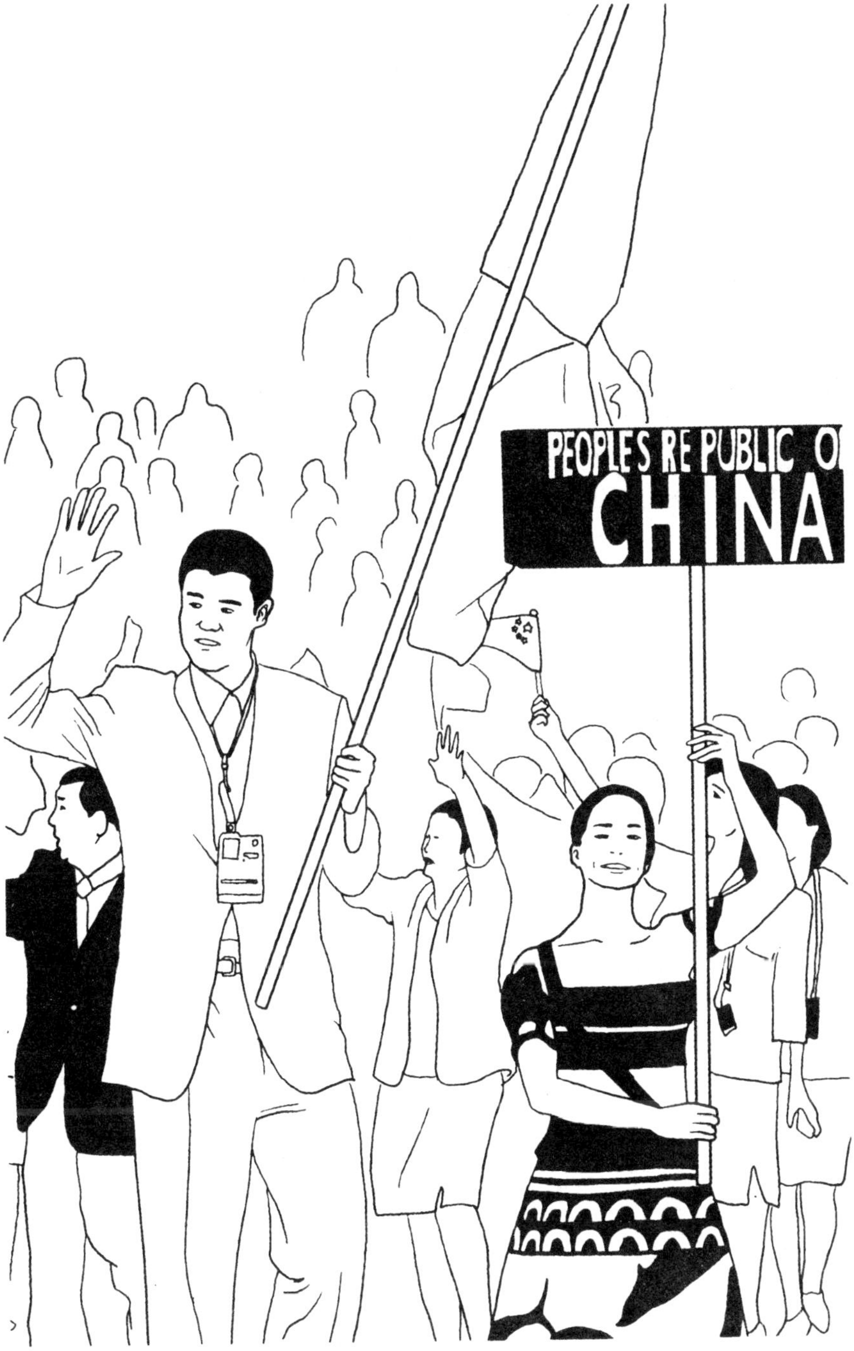
PEOPLES RE PUBLIC O
CHINA

运会上获得第十一名。

面对外界质疑的声音，姚明和中国男篮的小伙子们暗自下定了决心：一定要在奥运会上奋力拼搏，用实际行动为国争光！

爱琴海畔，凉风习习。2004年8月14日，举世瞩目的第28届奥运会盛大开幕。当奥运会上身材最高的旗手姚明高举着五星红旗带领中国代表团入场时，全场观众给予了热烈的掌声。姚明身着橘红色上装、白色长裤，显得充满朝气。他认真地将国旗高高举起，迈着矫健的步伐走进奥运会主体育场。从小学起，姚明就梦想着做一个升旗手，亲手升起五星红旗。今天，他终于能一偿夙愿了。

开幕式前，姚明特意与远在上海的父母通了电话。姚志源夫妇在得知这个喜讯后，为儿子兴奋了一整夜。老两口深夜守在电视机旁，见证了这个光荣的时刻。

对于姚明来说，能担任中国代表团旗手是莫大的荣耀，同时也是一种责任。他说：“男篮队员在奥运会上当旗手，这已经成了传统，宋立刚、刘玉栋他们，都当过旗手。举着国旗那一刻，全中国的目光都将聚焦在我身上，这是我们整个篮球队的光荣。”

2004年8月15日，中国男篮在小组赛中迎来了第一个对手——西班牙队。近千名中国球迷特意赶到位于雅典南郊的奥林匹克篮球馆，为中国队助威加油。西班牙是欧洲的一支传统强队，阵中大将保罗·加索尔在NBA灰熊队中担任主力中锋。中国队面临着严峻的考验。

开局阶段，中国队以姚明为核心展开进攻，打得积极主动。可惜好景不长，西班牙随即大举反扑。加索尔连续强攻篮下得手，带领球队逐渐将比分追上。首节战罢，双方打成18平。

进入第二节，西班牙队乘胜追击，几个得分手利用个人能力突破，频频快攻得分。反观中国队，则显得有些不够积极。姚明虽多次封盖对手上篮，怎奈独木难撑。姚明经常在对方两三个球员的包夹逼抢下，奋力把球分向空位，然而队友们却屡屡投篮落空，错失良机。最终姚明在第四节因为累计五次犯规被罚下场，中国队也遗憾地以58：83大比分告负。

比赛之后，姚明的情绪异常激动，他在新闻发布会上对某些中国队员在赛场上的松散表现提出了严厉的批评："这场球没有打好，没有发挥应有的水平。第四节我们本来还有机会，但我们放弃了。奥运会机会难得，但我们不懂得珍惜。"

讲到动情处，姚明的眼眶开始泛红："2002年的那些队员都是老运动员，虽然输了，但那时我还感觉有很多的希望，因为老队员都要退役了，我指望着年轻人上来，面貌会不一样。但现在，我都成老队员了，我退役比他们还晚，我没办法再等一批年轻人啊，他们现在都这么一副模样，我要熬到什么时候才能熬出头啊？"

姚明承认，他对球队的表现很失望。"小巨人"还借用鲁迅先生的名言鼓励队友们："不在沉默中爆发，就在沉默中灭亡！"

姚明的愤怒犹如醍醐灌顶（tí hú guàn dǐng），激起了

队友们的斗志。在首战失利的关键时刻，姚明勇敢地选择了尽自己的责任，说出了真话，展现了一个热血男儿的拳拳爱国之心！

知耻而后勇。在两天以后的小组赛第二场与新西兰队的交锋中，背水一战的中国队终于爆发。姚明在刚一开场就有精彩表现：他先是两罚全中，随即又大力灌篮得手。最终中国队以69：62力克对手，取得了雅典奥运会男篮比赛的第一场胜利。

接下来，中国队又接连输给了拥有NBA马刺队球星吉诺比利的阿根廷队以及欧洲劲旅意大利队。要想小组出线，就只剩下战胜塞黑队这惟一的一条路了。然而，要想战胜对手，谈何容易！塞黑队是上届世锦赛的冠军，尽管阵中缺少了两名绝对主力迪瓦茨和斯托亚科维奇，但整体实力依然超出中国队。中锋鲍迪洛平均每场得分为17.5分，被媒体公认为欧洲最优秀的球员；大前锋拉德曼诺维奇平均得分为12.8分，曾经在NBA森林狼队担纲组织后卫；老将塞帕诺维奇是原南斯拉夫队夺得1998年世锦赛冠军的主力队员。面对来势汹汹的对手，中国队能创造奇迹吗？

8月23日，中国男篮与塞黑队的生死对决正式打响。比赛开始后，中国队进入状态有些慢，连续出现失误。经验丰富的塞黑队自然不会错过这一天赐良机，拉德曼诺维奇与托马塞维奇连续进攻得手，带领球队以4：0先声夺人。暂停之后，中国队的进攻渐入佳境。姚明强行突破上篮命中，帮助球队奋起直追。李楠和莫科也接连进攻得手，锦上添花。中场休息时，中国队以31：34落后。姚明在上半场5投全中，得到13分。

进入下半场，双方的拼抢更趋白热化。姚明在比赛中充分展示了自己娴熟的进攻技巧，转身跳投、勾手投篮连连得分，势不可挡。终场前28秒，姚明顶着巨大的压力两罚全中，帮助球队锁定胜局。最终中国队以67：66战胜世界冠军塞黑队，奇迹般地冲进八强！

赛后，世界各大通讯社第一时间对这场精彩的比赛做出了点评：

路透社的标题是：世界冠军塞黑被中国人打败，姚明率队爆出本届奥运最大冷门。文中盛赞了中国队的获胜功臣姚明。还特别指出，“小巨人”在比赛还剩28秒时的两次稳健的罚球稳定了球队的军心，对赢得最终胜利起到了至关重要的作用。

法新社称这场胜利使得中国队取得了参加奥运会的最好成绩，与1996年的亚特兰大奥运会一样，中国男篮再一次打进八强。姚明在今天的比赛中取得了27分、13个篮板的豪华战绩，是中国队当之无愧的英雄。

在比赛之前，不少人断言：“中国队绝对没戏。”因为对手太强大了！然而，男篮的小伙子们在姚明的带领下不畏强手，敢打敢拼，最终打出了一场以弱胜强、令人荡气回肠的经典之战。

获胜之后，姚明抑制不住内心的喜悦仰天长啸。他激动地表示：“今天是高兴的一天，我也找不到别的词来形容，就是高兴。1996年中国男篮进入过八强，那已经非常遥远了，那是上一代人的贡献。我们一直喊着要从老一代手中接

过枪，接过旗帜，今天我们终于做到了！”

最终中国男篮在雅典奥运会上排名第八，平了历史最好成绩。姚明场均20.7分，排名所有球员的第三位；场均9.3个篮板，排名第一。“东方小巨人”以他出类拔萃的表现入选了赛事评出的最佳阵容。

美丽的雅典是希腊神话诞生的地方。2004年，中国男篮的小伙子们在姚明的带领下在爱琴海畔缔造了新的神话！

第四章

征“荣”岁月

- “姚”旗呐喊，“麦”向成功
- 鏖战小牛
- 再登亚洲之巅
- 伤病中的艰难跋涉
- 出征世锦赛
- NBA第一中锋
- 重返季后赛
- 梦碎盐湖城

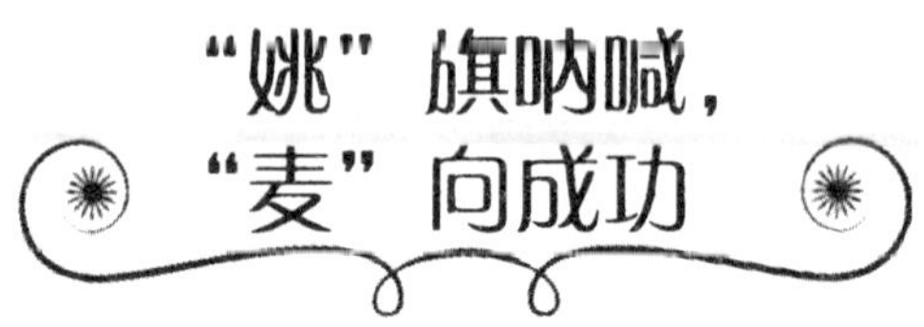

“姚”旗呐喊，“麦”向成功

季后赛的折戟（jǐ）沉沙让火箭队的管理层意识到了球队人员配置上的缺陷。为了冲击总冠军，俱乐部决定对球员进行大换血。经过一番紧锣密鼓的运作之后，火箭队在2004年夏天送出了弗朗西斯、莫布里和卡托，换来了两届得分王麦克格雷迪、大前锋朱万·霍华德、后卫泰伦·卢以及甘尼斯。球队上赛季的球员只留下了姚明、威瑟斯庞和帕吉特。

弗朗西斯的突然离去第一次让姚明感受到了NBA的残酷。姚明是一个重情谊的人，绰号“老大”的弗朗西斯和他一向以兄弟相称。在姚明初次涉足NBA战场的时候，是弗朗西斯给了姚明关怀和信心。但这就是NBA，一切的目的都是为了胜利！为了荣誉！

虽然弗朗西斯离去了，但他和姚明的友谊并没有就此结束。在离开时，弗朗西斯专门给姚明打电话，告诉他：“我们永远是兄弟！”

联盟最佳锋卫摇摆人麦克格雷迪的加入，让火箭队这支上赛季为季后赛门票苦苦拼搏的球队瞬间变成了专家眼中冠军的有力争夺者。球迷们对这支崭新的火箭队充满了期望。

2004年10月14日，NBA季前赛第一次落户在中国上海，由休斯敦火箭队迎战萨克拉门托国王队。火箭队拥有姚明和联盟两届得分王麦迪，而国王队阵中也有上海本土球员刘

炜。这场激烈的比赛吸引了11333名球迷到场观战。面对家乡父老，姚明略微显得有些紧张，最终他全场10投4中，得到14分、7个篮板，带领火箭队88：86战胜了对手。

三天之后，NBA中国赛第二场在北京首都体育馆进行。姚明出场27分钟5投4中，得到13分、8个篮板，双方运动员精彩的表现不时博得观众阵阵喝彩声。

比赛之余，姚明还抽空见到了很多好朋友，与他们畅叙友情。“小巨人”还品尝到了久违的正宗上海菜，好好地打了回牙祭。

2004年11月3日，火箭队客场挑战底特律活塞队，正式开始了2004—2005赛季的NBA征程。球队的先发五虎为泰伦·卢、麦迪、吉米杰克逊、朱万·霍华德、姚明。

赛季之初，刚刚经历了大换血的火箭队成绩很不理想。麦迪刚刚加入，还需要时间来适应球队的打法。几位主力的出走，也让火箭队的防守强度明显下降。姚明的状态起伏也很大，在11月的15场比赛中，姚明有5场得分超过25分，但也有5场比赛得分低于10分。开局阶段，火箭队的战绩仅为6胜11负，让球迷们大失所望。一时间火箭队被各路篮球专家强烈抨击，主教练范甘迪也面临着巨大的信任危机。

好在随着赛程的深入，麦迪与球队的磨合渐入佳境。“YM组合”（Yao Ming+Mc Grady）这对火箭队的双核发动机开始全力发动，带领球队逐渐升空。老将鲍勃·苏拉的伤愈复出，也大大缓解了球队后防线上的压力。经过两年多的磨炼，姚明终于从一只NBA“菜鸟”成长为火箭内线不可或缺的中流砥柱（zhōng liú dǐ zhù），用自己稳健的发挥带领火箭队全速前进。

12月10日火箭队主场对阵马刺队。在这场比赛中，麦迪充分展现了联盟最佳锋卫摇摆人的巨大威力。比赛还剩35秒时，火箭队以68∶77落后马刺队9分。此时，麦迪开始了自己的疯狂表演。他在比赛的最后35秒中奇迹般地狂揽13分，力助火箭队以81∶80实现大逆转，战胜了强大的马刺队。

姚明也同样有出色发挥。在12月21日火箭队主场114∶102击败猛龙的比赛中，姚明在内线完全统治了攻、防两端。在姚明投进的13球中，有12次出手距离都是在3米以内。最终"小巨人"轰下40分和10个篮板，40分的得分也是姚明职业生涯的第二高得分。麦迪同样有34分、12个篮板和7次助攻入账。两人联手斩获了74分，创造了球队自1991年4月以来两名球员的最高总得分。

"小巨人"的出色表现让整个丰田中心变成了一片欢乐的海洋。球迷们挥舞着手中的荧光棒、彩带以及各种自制的

标语齐声高喊：“YAOMING！YAOMING！”

赛后，猛龙队主教练米切尔无奈地表示：“只要姚明在禁区内拿球，火箭队就能得分，当他打出这样的势头时那可真够人受的。从一开始我就知道我们得防住姚明，不过他打得太猛了，几乎不可抵挡。姚明今天在篮下深处总能得到球，当他在内线时你根本无法阻挡他，当他那样做时他就成了我们的负担。”

此后，火箭队又陆续招来了巴里和维斯利，使得球队的实力有了进一步的提升。麦迪重新找回了两届得分王的风采，在多场比赛中均有不俗发挥，姚明也延续着自己良好的竞技状态。进入2005年，火箭队在“得州内战”中接连战胜了老对手小牛队和马刺队，球队战绩明显反弹。

逐渐步入正轨的火箭队在2月份进入了成绩的连胜期。在全明星赛前，休斯敦人接连战胜森林狼、湖人等球队，豪取八连胜。姚明也以出色的表现被提名为NBA西部当月最佳球员。

在2005年2月举行的全明星赛上，姚明连续三年当选为全明星赛西部首发中锋，他所获得的2558278张选票也打破了由迈克尔·乔丹在1997年创下的2451136张的全明星最高得票数纪录。在全明星比赛中，姚明得到了11分、8个篮板和5次助攻，出色的表现赢得了诸多专家的好评。

2005年3月12日，休斯敦火箭队飞赴菲尼克斯，接受排名联盟榜首的菲尼克斯太阳队的严峻考验，姚明和斯塔德迈尔这对老对手也在赛场上再度狭路相逢。太阳队是全联盟进攻最好的队伍，拥有号称“风中传奇”的著名控卫纳什以及

◎菲尼克斯太阳队：NBA球队。主场所在城市为美国亚利桑那州菲尼克斯市。1968年加入NBA。1975—1976赛季，太阳队杀入总决赛，可惜最后不敌凯尔特人队无缘总冠军。1992—1993赛季，巴克利带领球队杀入总决赛，令人遗憾的是他们不敌乔丹率领的公牛队，太阳队再度与总冠军擦肩而过。2004年，太阳队签下了全明星后卫纳什，在主帅丹东尼的率领下开始大打攻势篮球，在联盟掀起小球风暴，近几年已成为西部冠军和总冠军的有力争夺者。2007年，太阳队常规赛取得了61胜的优秀战绩。

昆廷·理查德森、乔·约翰逊等球星，实力雄厚。他们本赛季场均得分高达110.7分，此前，太阳队已经连续四次战胜了火箭队。

开战伊始，火箭队就反客为主，率先发起猛攻。姚明连续强攻内线得手，带领球队给了对手一个下马威。太阳队显得有些准备不足，全队在攻、防两端都明显处于下风。火箭队一度领先达13分之多。经过开局阶段的低迷状态之后，太阳队的状态逐渐复苏。顶替马里昂出场的麦卡蒂连续外线发飙（biāo），力助球队奋起直追。怎奈姚明整体表现更胜一筹，“小巨人”完全统治了内线，无论是乔·约翰逊还是理查德森都无法阻止姚明的进攻。号称“姚明一生的敌人”的小将斯塔德迈尔更是被姚明连续送出了四记封盖。

进入第四节，火箭队攻势不减。本节时间过半时，姚明内线得球单打斯塔德迈尔，“小巨人”强行将小斯挤在身

后双手大力灌篮得分，技惊四座。麦迪与姚明联袂出击，一轮41：17的攻击波彻底摧毁了对手的防线。最终火箭队客场127：107将排名联盟榜首的太阳队挑落马下，127分的得分也创造了火箭2005赛季单场得分的新高。

在这场焦点之战中，姚明状态神勇，全场砍下27分和22个篮板，22个篮板的成绩也创下他个人职业生涯新高。另外姚明还送出了5次封盖，其中4次送给了有“小霸王”之称的斯塔德迈尔。本场比赛可以说是姚明职业生涯中打得最漂亮的一场，充分显示了“小巨人”强大的内线统治力和巨大的潜力。

赛后，麦迪高度评价了自己的队友：“我必须称赞一下姚明，他值得我脱帽致敬。我希望他能经常这样打球，如果他有这样的状态，没有人能阻挡他的表现。”

久经沙场的火箭队老将迪肯贝·穆托姆博也对姚明的表现赞不绝口，“那个大家伙把全身的本领都奉献了出来。第三节结束时他看上去有点儿累了，但是他有能力反击，告诉大家：这是他的球队。他正在变成一个成熟的男人，他仍然在不断成长。”

经过一个赛季的艰苦努力，姚明最终率领火箭队取得了51胜31负的好成绩，以常规赛西部第五的身份第二年杀入季后赛。火箭队初步解决了与强队交手胜率过低的痼疾，在与联盟排名前几位的球队的对阵中胜负参半，不落下风。除了联盟新军夏洛特山猫队之外，NBA的其他28支球队都曾经成为火箭队的手下败将。球队的进步也让人们看到了火箭队未来的希望。

经过三个赛季的磨砺，姚明变得逐渐成熟。2004—2005

赛季，“小巨人”场均得到18.3分、8.4个篮板和2次盖帽。在所有NBA球员中投篮命中率列第3，平均每场封盖列第11。进入联盟的第一年，姚明平均每场得到13.5分，第二年上涨到17.6分，2004—2005赛季是18.3分。2003—2004赛季，姚明得分超过20的场次为29场。在2004—2005赛季，得分超过20的已经飙升到39场，几乎占了常规赛的一半。“小巨人”用他稳定的发挥向支持他的球迷们交出了一份成绩优异的答卷。

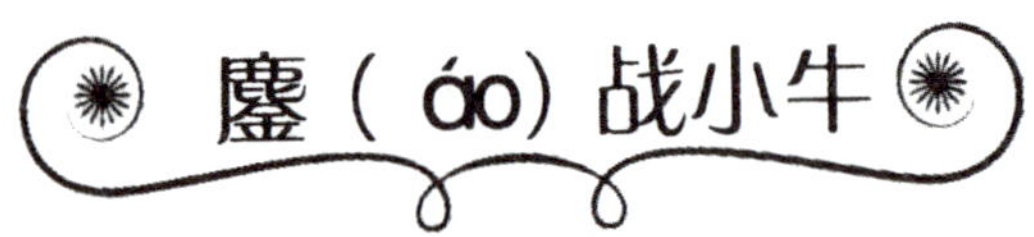

鏖（áo）战小牛

季后赛首轮，火箭队迎来了同处得克萨斯州的老对手——由“德国天王”德克·诺维茨基和神投手迈克尔·芬

◎德克·诺维茨基（DirkWernerNowitzki）：NBA著名球星，绰号“德国战车”、“诺天王”。1978年6月19日出生于德国Wurzburg。1998年在选秀大会上以第一轮第九顺位被雄鹿队选中。随即交易到了达拉斯小牛队并效力至今。主要荣誉：荣获2007年常规赛MVP，成为NBA历史上第一位欧洲籍MVP。参加2002年世界篮球锦标赛，带领德国队获得第三名，个人荣膺世锦赛MVP。参加2005年欧洲篮球锦标赛，带领德国队获得第二名，个人荣膺欧锦赛MVP。2005年获得国际篮球联合会颁发的最佳欧洲篮球球员。技术特点：诺维茨基手感柔和，是少有的大个子投手，得分手段多样，中投、突破、三分都很擅长。

利领衔的达拉斯小牛队。小牛队是西部第四号种子，常规赛的战绩为58胜24负。队中头号球星诺维斯基是目前联盟里最出色的大前锋之一，身体灵活，能跑能投能抢，突破能力出色。从10项技术统计数据看，小牛队的排名仅在太阳队之后，名列第二。在最为重要的均场得分和客场胜率两项统计中，小牛队分列第二、第三位，比火箭队都更具优势。在常规赛中，火箭队与小牛队共有过四次交手，各赢两场。另外，一个有意思的数据是，火箭队是全联盟客场战绩第二好的球队，而排在他们前面的恰恰是小牛队。

在常规赛接近尾声时，火箭队老将鲍勃·苏拉意外受伤。祸不单行，队内的主力大前锋朱万·霍华德由于患上了病毒性心肌炎，也不得不缺阵季后赛。球队只得紧急引进了技术全面的麦克·詹姆斯。多名主力球员的缺阵对火箭队的实力造成了一定的影响。

2005年4月24日，火箭队与小牛队的系列赛第一场比赛在美航中心打响。姚明受困于犯规过多，表现差强人意。好在麦迪发挥出色，最终火箭队以98：86客场虎口拔牙，赢得了系列赛的开门红。

麦迪出战44分钟27投14中，拿下34分、6次助攻、5个篮板。姚明得到11分、8个篮板，在比赛的最后时刻因6次犯规被罚出场。

4月26日，两队的第二场比赛开战。赛前在美航中心的大屏幕上，出现了这样的句子“谁将会是最后的终结者？”答案很快就揭晓了，姚明扮演了小牛队终结者的角色。

赛前，火箭队主教练范甘迪精心设计了围绕姚明展开

进攻的战术。“GIVE THE BALL TO YAO”（将球传给姚明），这就是更衣室里火箭队战术板上唯一的句子。球员们也很好地执行了主帅安排的战术。

开战伊始，火箭队就反客为主，率先发难。姚明连续强攻篮下得分，手感热得发烫。首节比赛，“小巨人”7投全中，豪取17分。他在内线的凶悍攻势还迫使小牛队大将丹皮尔和范霍恩均两犯下场，为夺取最终胜利奠定了坚实的基础。上半场结束时，姚明就攻下了23分。

“卧榻之畔，岂容他人酣睡？”主场作战的小牛队随即大举反攻。“德国天王”诺维斯基连续中投命中，帮助本队紧紧咬住比分。终场前26秒，火箭队以两分的优势暂时领先，但诺维斯基的一次跳投得手后，双方战成了111平。比赛进入了最后的决战时刻。

火箭队发动快攻，进至前场。姚明在三分线附近做挡拆，为麦迪拉出空位，后者跳投命中，奠定胜局。姚明全场14投13中，取得了33分、8个篮板，麦迪拿下28分、10次助攻。两人联手带领火箭队取得客场两连胜，形势一片光明。

赛后，《休斯敦纪事报》在报道中称，姚明的表现简直令人难以置信。甚至有媒体认为火箭队有机会4：0横扫对手。

然而，回到主场的火箭队却遭遇了意想不到的困难。姚麦组合的出色表现引起了小牛队主教练艾弗森·约翰逊的高度重视。在日常练习中，他专门进行了针对姚麦挡拆的单独训练，并详细传授队员几套破姚麦挡拆的办法。在第三场和第四场系列赛中，小牛队员成功地冻结了姚明的进攻，“小

巨人”陷入了犯规过多的泥沼之中。麦迪的状态也出现起伏，投篮命中率明显下降。

主将的表现直接影响了火箭队的发挥。小牛队在客场连赢两场，将总比分扳成2：2。双方回到同一起跑线上。

5月3日，关键的第五场天王山战役在小牛队主场达拉斯联航中心举行。在比赛中，姚明充分发挥了自己的水平，不但在进攻端频频强攻内线得手，连续低位单打诺维茨基成功；防守中也有多次漂亮的封盖。当队友一次突破上篮不中的时候，姚明连续两次抢下进攻篮板后补篮，迫使小牛队员犯规并两罚全中。遗憾的是，在对手的严密防守下，火箭队队友无法给予姚明更多的支持。最后时刻，姚明的体力也有所下降，连续五次罚球只命中了一次。随着麦克格雷迪左侧三分线外急起跳投不中，火箭队遗憾地以100：103的比分输掉了这场比赛。

这是一场火花四溅、拼抢激烈的比赛，双方运动员的动作都有点大。在赛后的新闻发布会上，火箭队主教练范甘迪因为不满小牛队员对姚明的动作粗野，公开质疑联盟的公正性。范甘迪还因此被NBA罚款10万美元。

姚明在本场比赛中13投10中，取得了30分的场上最高分，另有8个篮板和3次盖帽。麦迪也得到了25分、9篮板、6次助攻、3个抢断、2个盖帽的全能数据。怎奈除了他们之外，火箭队的其他球员均表现平平，无法给姚麦组合提供强有力的支援，这也是导致火箭队最终失败的最重要原因。

输掉客场比赛之后，火箭队以总比分2：3在系列赛中落后。休斯敦濒临再输一场就会被淘汰的万仞悬崖，形势岌岌

可危。

回到主场丰田中心，背水一战的火箭队已经没有了任何退路，就连板凳球员都全面爆发。麦迪连续中距离投射得手，手感热得发烫。姚明也连续利用勾手投篮得分，帮助球队进一步巩固了领先优势。最终火箭队以101：83大胜对手，将系列赛的总比分扳为3：3。

5月8日，火箭队与小牛队的生死决战在联航中心拉开战幕。遗憾的是，在这场关键的比赛中，火箭队球员并没有发挥出应有的水平。全场比赛中，火箭队竟然没有一次领先，始终在苦苦追赶对手。火箭队的投手集体失常，外线完全哑火。除去姚明一人在内线苦苦支撑之外，其他球员59次出手只有16次得分，投篮命中率只有可怜的27%。火箭队的防守体系更是彻底轮转失灵，被对手犀利凶狠的攻势彻底打成了筛子。

尽管姚明全场23投13中拿下33分、10个篮板，麦迪砍下27分，但姚麦组合的出色表现无法扭转被动的战局。火箭队其他球员的最高得分只有6分！最终火箭队以76：116大败，无奈地结束了自己季后赛的征程。40分的分差创下了NBA历史上第7场决战最大分差的耻辱记录。

尽管火箭队最终以3：4的总比分遗憾地输给了对手，但姚明的表现还是得到了篮球专家们的一致认可。在与小牛队的7场鏖战中，“小巨人”场均得到了21.4分，投篮命中率更是达到了65.5%。麦迪场均取得30.7分、7.4个篮板和6.7次助攻。姚麦组合的出色发挥也让球迷们对火箭队的未来充满了希望。

再登亚洲之巅

季后赛结束之后，姚明利用休赛期进行了手术，以便更好地迎接新赛季的挑战。2005年6月18日，去除脚踝骨刺的手术在旧金山市郊的弗雷蒙德康复中心进行，这也是姚明生平第一次被推上手术台。主刀的是姚明的私人医生，美籍华人亚瑟·丁。

姚明的脚踝骨刺是在2004年被发现的，当时就有医生主张及早进行手术。为了不影响火箭队的战绩，敬业的姚明一直咬牙坚持，只进行了一些保守治疗和药物控制。直到姚明接受脚踝骨扫描之后发现骨刺伤势情况比医生想象的要严重，才决定在季后赛后进行手术。

手术进行得很顺利，骨刺被成功地去除，此后的康复情况也非常良好。尽管这场手术关系到自己的运动生命能否延续，但姚明却一直表现得很轻松，手术后还和主刀医生亚瑟·丁开起了玩笑，充分展现了其良好的心理素质。

在手术康复的过程中，姚明也没有闲着。通过接受教练的单独训练，“小巨人”的个人技术日臻（zhēn）完善，对篮球战术的理解也有了长足的进步。

姚明的经纪人章明基表示：“对于过去的一年，‘姚之队’认为，这是姚明登陆NBA以后进步最大的一年。他在篮球场上的很多进步，不是简单的数据或统计数字就能体现出来的，从体能到力量再到他的进攻技术，都有非常大的提高。特别是技术方面，通过休斯敦教练一对一的训练，提高

得非常快！”

由于比赛的对抗程度异常激烈，在NBA历史上，球员身陷伤病困扰的例子屡见不鲜。尤其是内线身材较高的球员，因伤缺阵更是家常便饭。但姚明在他的前三个赛季里向观众充分证明了自己出色的身体素质和良好的职业道德。在“小巨人”进入NBA的最初两个赛季中，他没有缺席任何一场比赛；在第三个赛季里，姚明也仅仅缺席了两场。

在获得财富的同时积极回馈社会，这是姚明的心愿。无论是慈善捐款、救助灾区，还是支援西部教育事业，他总是慷慨解囊，经常一次就捐款几十万元。2005年的夏天，姚明为公益事业做了很多善事。除了加入中华骨髓库，号召人们踊跃捐献骨髓之外，“小巨人”还为东南亚海啸匿名捐款50万元人民币。

经过两个多月的恢复训练，姚明重新回到了赛场。2005年9月8日，“小巨人”带领中国男篮出征在卡塔尔举行的第23届亚洲男子篮球锦标赛。尽管姚明还没有完全康复，此前只随中国男篮打了两场热身赛，但在亚锦赛中，中国男篮主教练尤纳斯还是毫不犹豫地布置了以姚明为内线支柱的“姚核心”战术。姚明也没有辜负主帅的厚望，在比赛中，他带领球队一路过关斩将，势不可当，充分展现了亚洲第一中锋的风采。最终中国队在决赛中以77：61战胜黎巴嫩队，卫冕成功，这也是中国

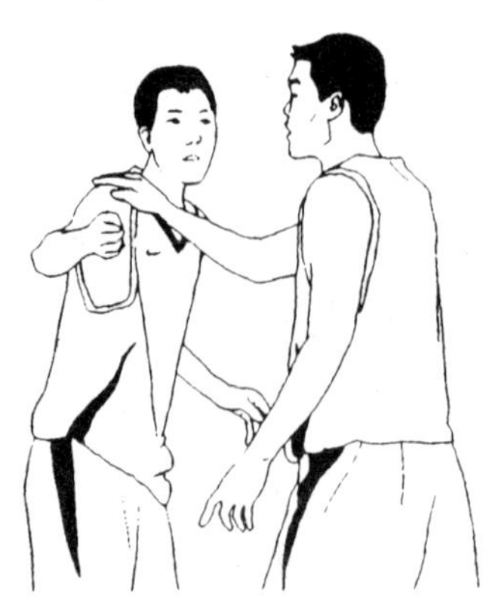

队第14次夺得亚锦赛冠军。

夺冠之后的姚明终于露出了轻松的笑容。他和队友们一起搭手围在一起，跟着欢快的音乐欢跳着庆贺来之不易的胜利。站在最高领奖台上，姚明忍不住拿着金牌，看了又看。

亚锦赛结束后，姚明顾不得与家人共度中秋佳节，就匆匆起程赶往美国。在那里，火箭队的队友们正等待他一起迎接新赛季的挑战。

金秋之际，姚明收到了一份意料之中的礼物：凭借在前三个赛季的出色发挥，姚明与火箭队续签了一份五年7600万美元的顶薪球员合同，新的合同延续到2011年。在工资条款当中，姚明将得到NBA劳资协议规定的最高工资。这充分表明火箭队管理层对“小巨人”在赛场上的表现十分满意。

姚明在2005年元旦时曾幽默地说，他最大的新年愿望便是希望自己不会下岗，也希望能够得到一份数目越大越好的大合同。现在，他的愿望终于实现了。

签约之后，姚明表示：“在过去的三年当中，我很荣幸和火箭队一起成长，我非常高兴能继续在火箭队征战。我会在以后的比赛中，尽自己最大的努力，为火箭队夺得总冠军，实现自己多年以来的梦想。”

伤病中的艰难跋涉

经过一个赛季的磨合，姚明与麦迪的配合日渐纯熟。针对姚麦组合的缺陷，火箭队还在大前锋位置上引进了斯特罗

迈尔·斯威夫特（Stromile Swift）。新的赛季，火箭队的球迷们对球队的前景充满了信心。

2005年11月3日，火箭队在2005—2006赛季的揭幕战中主场迎战国王队。凭借姚麦双核的出色发挥，火箭队以98：89击溃对手，夺得开门红。

姚明本场比赛共斩获22分、10个篮板，外加4次助攻和1个盖帽，荣膺本场最佳。“小巨人”不仅取得了本赛季的第一个两双，而且还创造了连续44场比赛得分超过两位数的个人新纪录。

可惜火箭队的出色表现只是昙（tán）花一现。2005—2006赛季常规赛刚刚拉开战幕，火箭队的主力球员麦迪就因伤缺阵。缺少了麦迪这个进攻端的主要火力点，火箭队在与列强的角逐中显得有些力不从心，球队多次在领先的大好形势下被对手翻盘逆转，痛失好局。姚明孤军奋战，扭转不了火箭队七连败的颓势。

在开局不利的严峻形势下，关于姚明的各种流言和批评纷至沓来（fēn zhì tà lái）。甚至有休斯敦当地球迷喊出了“把姚明从火箭换走”的难听话，“小巨人”承受了巨大的压力。

面对球迷和媒体的指责，姚明并没有灰心丧气。他咬紧牙关，独自撑起了火箭队攻守两端的重任。经过一个夏天的刻苦训练，姚明在内线的威力变得更加强大了。场均19.9分和9.04个篮板的战绩，就是他对质疑者最好的回应。

2005年12月7日，火箭队主场迎战波士顿凯尔特人队。在比赛临近尾声时，斯卡拉布林的肘部击中姚明的眉骨，满

脸鲜血的姚明被迫下场接受治疗。在队医简单处理后，他又咬牙坚持上场，并帮助火箭队以91：73击退了对手。

两天以后，在火箭队客场挑战国王队的比赛中，防守姚明的米勒故意猛击他的面部，锋利的指甲在“小巨人”的面部留下了好几道疤痕。面对对手的挑衅（xìn），姚明冷静地继续比赛，并最终以大比分战胜对手。

每一场比赛，姚明总是身先士卒，用自己的实际表现激励着队友。凭借钢铁般的坚强意志，“小巨人”带领球队在常规赛中艰难前进。

或许是上苍想让火箭队经历更多的磨砺（mó lì），就在麦迪伤愈复出，火箭队成绩回升时，姚明却因左脚拇指患严重的骨髓炎被迫离开了他心爱的赛场。在季前赛的一次比赛中，姚明的左脚拇指指甲指意外脱落。此后，左脚的伤病就一直困扰着“小巨人”。在火箭队客场与西雅图超音速队的比赛中，一次与防守队员的碰撞让姚明的脚伤进一步加剧。医生检查发现姚明大脚趾已经感染，必须立即动手术。2005年12月18日，姚明返回休斯敦，火箭队队医克莱顿对其进行了手术。三天以后，为了帮助姚明进行彻底性的根治，医生再次对姚明进行了手术，随后他被列入休息名单中。

没有了姚明助阵，火箭队的常规赛征程步履维艰。在与拥有高大中锋的对手比赛时，火箭队更是显得力不从心。球队差强人意的表现也让所有人都认清了形势：火箭队的问题不应该由姚麦中的任何一个人来承担。姚明和麦迪就像火箭腾飞时的两只翅膀，缺少了其中任何一个，火箭队都无法翱翔。

看着火箭队糟糕的战绩，姚明显得忧心如焚（fén）。“原本以为也就圣诞节休息几天，没想到一歇就是三周，而且还没完。”还在术后康复之中的姚明说。他多么希望自己能早日伤愈复出，和队友们一起并肩奋战啊！

在错过了21场比赛之后，姚明在2006年初重新回到了心爱的赛场。在与孟菲斯灰熊队的比赛中，“小巨人”用15分的战绩向全联盟宣告了“中国巨人”的回归。在2006年举行的休斯敦全明星赛投票中，姚明以1319868票力压科比·布莱恩特，高居榜首。

2006年2月20日，NBA全明星赛在休斯敦丰田中心隆重上演。当有记者问姚明在家门口进行全明星赛的感觉如何时，姚明点点头笑着说：“和以前不太一样，这一次我们是主人了。”姚明的出场吸引了全世界的目光，据不完全统计，仅在中国，就有近5亿的球迷通过电视转播收看了本年度的全明星赛。

在赛前的表演环节中，组织者特意安排姚明压轴出场。一向稳重的“小巨人”在球迷面前秀了一段精心编排的霹雳舞。虽然动作显得有些不够熟练，但姚明的表演还是赢得了观众长时间的欢呼。接着，全明星球员们用自己的方式向球迷致意。麦迪双臂高举，面带微笑；姚明则显得有些羞涩，只是轻轻挥了挥手。

比赛开始后，姚明接邓肯助攻双手扣篮命中，为西部明星队首开纪录。不过此后他基本上没有什么表现的机会。最终，姚明在18分钟内5投2中，得到5分、2个篮板。

中场休息时，姚明接受了中国中央电视台的采访。在谈

到能否打入季后赛时，姚明说：“这个说起来很简单，但关键是怎么去做。我们接下来要做的事很多，比如如何打得更稳定，控制好篮板，退防更快等，但关键是最终做到的程度有多少。”

全明星赛后，姚明终于开始爆发。麦迪的长期伤病迫使“小巨人”更多地担负起球队进攻的重任。姚明篮下的对抗能力明显增强，步伐也变得灵活多了。在对快船队的比赛中拿下25分之后，姚明已经连续14场比赛得分超过20分。在复出后的25场比赛中，姚明场均斩获25.7分和11.6个篮板，投篮命中率达到53.7%，罚球命中率87.8%。

2006年2月25日，在麦迪因家人去世缺席比赛的情况下，姚明带领球队以91：88力克金州勇士队。“小巨人”在比赛中豪取22分和赛季最高的21个篮板球，星光熠熠（yì）。此前本赛季在麦迪缺阵时，火箭队13次出征无一胜绩。本场比赛，姚明终于带领球队打破了“无麦必输”的魔咒。

2006年2月27日，姚明荣膺NBA西部的一周最佳球员（2月21日~26日）。在这一周的三场比赛中，“小巨人”场均砍下26.7分和15.7个篮板，命中率达到55.3%。在他的带领下，火箭队先后战胜快船队、勇士队和魔术队，姚明也连续三次获得“全场最佳球员”。

2006年3月9日，火箭队迎战印第安纳步行者队。上半场结束时，火箭队大比分落后。雪上加霜的是，下半场刚刚开场，麦迪就受伤下场。危急关头，姚明肩负起带领火箭队反击的重任。他连续利用转身勾手进攻得手，包揽了火箭队第

三节所得的前10分。在姚明的激励下，火箭队全面开花，最终以103：99险胜对手，取得四连胜。

在本场比赛中，姚明取得了个人赛季最高的38分，外加10个篮板和5次盖帽。光芒四射的表演令到场的观众瞠目结舌，赞叹不已。

2006年4月1日，姚明带领火箭队迎战华盛顿奇才队。在麦迪因伤缺阵的情况下，姚明凭借最后一投力挽狂澜，以105：103绝杀对手。在这场惊心动魄的鏖战中，姚明狂砍38分和11个篮板，创造了本赛季的第三十次两双。38分也追平了2005—2006赛季个人单场最高得分。

赛后，队友阿尔斯通忍不住感叹说："姚明的进攻能力真让人难以置信，今晚是我看见过的最精彩的表演之一！"

姚明的出色表现也赢得了篮球评论专家的一致好评。ESPN的篮球分析员约翰·霍林格尔（John Hollinger）说："自从姚明伤愈复出以来，他一直用自己最好的表现拖着状况不佳的火箭队前进。他在全明星周末之后，已经连续14场比赛得分超过了20分。这段时间，姚明场均取得了28分和12.9个篮板球，他已经成为和奥尼尔不相上下的顶级中锋球员。"

就连对手也对姚明的表现赞叹不已。小牛队前锋诺维茨基在接受采访时表示："全明星周末之后，姚明简直就是球场上的主宰。他的转身跳投让人防不胜防，他的球技和身体条件同样出色。"

2006年4月3日，姚明凭借出色的表现再次获得NBA西部

的一周最佳球员（3月27日—4月2日）。在麦迪因背伤复发缺阵的情况下，姚明带领球队先后战胜超音速队和奇才队，仅在客场输给了实力强悍的湖人队。在三场比赛中，姚明场均斩获33.3分和12.3个篮板，投篮命中率更是达到了62.5%。

7天之后，在和勇士队的比赛中，姚明再度大显神威。他在比赛中得到30分和14个篮板的两双战绩，带领火箭队以100：93获得胜利。

不幸的是，战胜勇士队的比赛成了姚明本赛季带领火箭队取得的最后一场胜利。伤痛的阴霾（mái）再次遮盖了火箭队的天空。4月11日，火箭队客场挑战爵士队的比赛首节结束前4分钟，姚明在一次补篮落地时踩到威廉姆斯脚上，造成左脚小脚趾骨折。赛后经X光诊断发现，姚明的左脚第五根跖骨骨裂。医生随即对姚明进行了手术，在他受伤的左脚植入一颗钢钉以帮助骨头复原。手术之后，姚明的经纪人证实姚明将休战4~6个月，这也意味着“小巨人”将被迫缺席2005—2006赛季余下的所有比赛。

最终火箭队以34胜48负的战绩结束了灰暗的2005—2006赛季。他们整整落后西部第八名国王队（44胜38负）10个胜场，三个赛季以来首次无缘季后赛。麦迪饱受伤病困扰，本赛季只出战了47场，姚明也只打了57场比赛。“姚麦核心”的双双缺阵导致了火箭队整体攻击能力的不足。2005—2006赛季，火箭队的平均单场得分只有90.1分，在NBA的球队中排名倒数第二。全队投篮命中率仅为43.3%，排名全联盟并列倒数第一。

姚明在全明星赛后的表现是火箭队整个赛季为数不多的

几个亮点之一。2005—2006赛季，姚明在出场的57场比赛中场均得到22.3分和10.2个篮板，这是他第一次在赛季结束时拿到了两双成绩。

姚明由此成为2005—2006赛季全联盟四个仅有的“20+、10+”球员之一。尤其是在2006年的3月，姚明的场均数据更是达到了27.5分和13.3个篮板。

在麦迪因伤缺阵之后，“小巨人”已经成为休斯敦火箭队名至实归的核心和领袖。

出征世锦赛

伤势刚刚痊愈，姚明就匆匆飞回南京和国家队会合，为出征即将在日本举行的世界篮球锦标赛做最后的准备工作。

在回国以前，火箭队的队医认为姚明的康复情况不太理想，建议他最好不要参加世锦赛。姚明毫不犹豫地拒绝了队医的提议。在他心中，国家的利益高于一切。

2006年8月19日，世界男篮锦标赛正式在日本拉开战幕。近千名球迷专门从国内赶到日本北海道立中和体育馆，为中国队在本届世锦赛的首次亮相加油助威。几位在日本的中国留学生更是不惜花掉一周的生活费赶到现场，只为了一睹男篮球员的风采。

在前三场比赛中，中国男篮先后输给了悉尼奥运会亚军意大利队、美国队以及波多黎各队，在小组赛中遭遇三连败。

与波多黎各队赛后，姚明毫不讳言地表达了自己的愤

怒：“这场比赛，我们队员心气显然没有以前那么高，求胜欲望不强烈。中国男篮遇到了世锦赛以来最大的困境，我们频频失误送了太多分。这里是国家队，我们代表的是中国！希望每个球员都能明白这一点！”

三战过后，姚明场均得到26.7分，成为世锦赛场均得分最高的球员。然而与此同时，中国队面临着无法小组出线的严峻形势。在姚明心中，祖国的荣誉高于一切。他多么希望能通过自己的努力，为国家争取更多的荣誉啊！

知耻而后勇。8月24日，在面临背水一战的绝境之际，中国男篮终于爆发。在第四场小组赛中，他们以100：83大胜非洲亚军塞内加尔队，为自己保留了小组出线的最后一丝希望。姚明在这场比赛里得到26分和9个篮板。王治郅也终于在经历前几场的状态之后回勇，拿下19分和9个篮板，给了姚明有力的支持。王仕鹏在第四节连进几个关键的三分，也为中国队最终击溃对手立下了奇功。

虽然击败了对手，但姚明依然十分清醒：“其实塞内加尔队的实力在我们之下，但是他们的战斗力很强。我们下半场表现得相当出色，打出了一些现代化的篮球，像挡拆和通过跑动跑出来的机会，接下来我们就应该保持这样的战术素养。”

击败塞内加尔后，中国男篮于8月24日迎来了与欧洲劲旅斯洛文尼亚队的生死对决。对中国队来说，这是一场必须拿下的比赛。只有战胜对手，中国男篮才能冲进世锦赛的十六强。

比赛开始后，双方都以内线进攻为主。斯洛文尼亚队两名在NBA效力的球员内斯特洛维奇和斯洛卡接连上篮得手，带领球队以10：6在开局阶段领跑。姚明随即打三分成

功，力助中国队紧咬比分。第一节结束时，中国队以17：22暂时落后。姚明本节5投全中，拿下11分。来到第二节，中国男篮的局面依然处于被动。贝西洛维奇连续外线远投命中，带领球队将领先优势进一步扩大。中场休息时，斯洛文尼亚队以46：38领跑。

下半场易地再战，中国队大举反扑。姚明频频强攻内线并造成对手犯规，多次打三分成功。在防守端，“小巨人”也通过凶狠的拼抢成功地遏制了对手在篮下的进攻。第三节战罢，中国队将比分追至57：59。

最后一节刚一开战，姚明就打三分得手，帮助中国队将比分反超。此后两队陷入拉锯战，双方的拼抢更趋白热化。激烈的对抗让姚明的体力消耗很大，但“小巨人”依然咬牙在场上坚持。

终场前1分17秒，斯洛文尼亚队以74：70领先。

比赛进入了最后的决胜阶段。看台上中国球迷的助威声震耳欲聋，几乎将球馆的顶棚都要掀飞了。每次姚明得分之后，球馆里总会响起那首人们耳熟能详的“姚之歌”。

关键时刻，姚明再度进攻得手，力助中国队将比分扳平。斯洛卡强攻内线得手，再度帮助斯洛文尼亚取得领先优势，此时距离比赛结束只剩下五秒钟了！最后时刻，王仕鹏快攻至前场，左翼外线三分命中！中国队以78：77绝杀对手，昂首挺进世锦赛十六强！

终场哨响后，姚明第一个冲进球场，紧紧地和王仕鹏拥抱在一起。他高兴地大喊：“兄弟，你太神奇了！我以前在NBA能看到这种球，没想到你也能做到！”在回休息室的

路上，姚明兴奋地和每一位在场的中国记者击掌庆贺。他还用沙哑的嗓音鼓励队友们：“我练了3个月，就为了今天。往后还有比赛，大家加油！”

在这场生死之战中，姚明打满了40分钟，全场23投13中，轰下36分和10个篮板。在下半场，他一人就得到21分。终场哨响时，姚明大口喘着粗气，当时他已经近乎虚脱。

赛后，姚明动情地说：“我们通过自己的努力，将希望变成现实。更重要的是，我们到现在打了5场，每一场都比上一场打得好，球队越来越像一个整体，这是我之前没有想到的。我觉得如果我们每一场都拼到最后关头，即使没出线，大家也不会骂我们。如果我们竭尽全力，我们可以做到很多想象不到的事。只要我们可以坚持住，努力拼搏，我们就有希望。”

姚明还谦逊地把获胜归功于他的队友：“王仕鹏的最后一投非常重要，就好像我们在NBA看到的那样。很难相信这样的投篮居然发生在中国队身上。王仕鹏体现出了他的杀手本质，我愿意用我所有的东西去交换他的签名球衣。随着我们的进步，我们会更多地看到这种到最后才决出胜负的比赛。”

虽然最终以一分的优势战胜了斯洛文尼亚队，获得了小组出线权，但中国男篮也付出了惨重的代价——队员们的体

能受到了严重的影响。在世锦赛1/8决赛中，以D组第四晋级的中国队遭遇到了C组头名欧洲冠军希腊队。在小组赛中体能已消耗殆尽的姚明进攻效率也开始下降，无法有效地占据进攻位置。最终中国队以64：95败北，无缘八强。

在赛后接受采访时，姚明表示："我们的队员还非常缺乏经验。不能只在国内闭门造车，这样技术肯定得不到提高，球队需要更多球员去国外深造。这不仅是提高技术的问题，也是积累经验的问题。我们需要更多的球员出国参加比赛，经历高强度对抗和高强度的全场紧逼！"

姚明还向对他寄予厚望的中国球迷道歉："我们在这次男篮世锦赛中完成了底线，但是仅仅是底线而已，没有达到我们的极限。今天的比赛让球迷失望了，对不起大家！"

虽然最终中国队止步世锦赛十六强，但姚明出色的表现还是赢得了球迷和专家的一致好评。姚明在脚伤初愈的情况下，平均每场取得25.3分、9个篮板和2.3次盖帽，荣膺本届世锦赛的得分王。在中国队的六场比赛中，姚明每场得分都超过两位数。在参加世锦赛的球员中，姚明场均得分第一，场均盖帽第二，场均篮板第三，共三项技术统计进前五。这一切都证明了"小巨人"已无可争议地跻身世界一流中锋的行列。与两年前的雅典奥运会相比，姚明在篮下的威力更

大，对对手的威慑力也更强。姚明的团队精神和求胜欲望也是有目共睹的，打完世锦赛，姚明的体重差不多下降了接近8公斤。

除了帮助球队得分之外，姚明还学会了如何鼓舞队友的士气。每当队友在场上得分时，姚明总会大声叫好；在队友出现失误时，姚明也会走上前去，对他进行安慰。

展望未来，姚明依然充满希望：“通过世锦赛，我们学习到了很宝贵的经验，队伍的战斗力、凝聚力也得到了很大的提高，希望中国队明年能更好。”

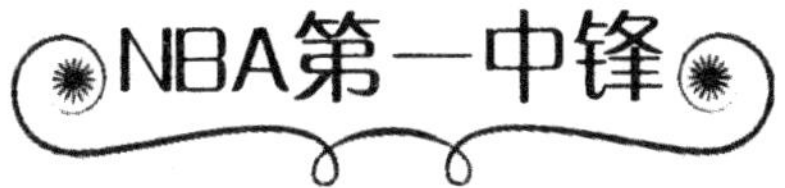

NBA第一中锋

自从加盟NBA之后，姚明一直连续征战，戎马倥偬（kǒng zǒng）。在结束了世界锦标赛的征程之后，“小巨人”终于有了一段难得的假期。回到上海，他见到了以前的队友和教练——刘炜、章文祺以及李秋平教练，尽情享受着与家人和朋友团聚的温馨。

2006年9月11日，在姚明即将度过26岁生日之际，他收到了一份特殊的礼物：“小巨人”从前在高安路小学读书时的小学老师和同学手捧生日蛋糕，意外地出现在他面前，小球迷还给姚明系上了鲜艳的红领巾。

在被问及生日愿望的时候，姚明表示：“我对自己的实力越来越清楚，越来越自信，重要的就是在未来一年去提高，去实现自己的目标。中国男篮在奥运会上最好的成绩是

八强，2008年奥运会中国作为东道主，希望我可以带领中国男篮进入四强，取得历史性的突破。”

这就是姚明。无论什么时候，他永远把祖国的荣誉放在第一位。

2006年9月14日，姚明依依不舍地告别了祖国，踏上了NBA第五个赛季的征途。回到休斯敦的当天晚上，姚明就来到丰田中心，进行了身体力量的恢复训练。“小巨人”表示：“凭我的天赋，在CBA打到退役都没问题。可是在NBA不行，每天都得进行高强度的训练，那种强度有时甚至让人感觉窒息。就算这样，也必须坚持不懈，否则就难以面对巨大的挑战。”

新的赛季，姚明迎来了一位新队友：肖恩·巴蒂尔。巴蒂尔是NBA著名的防守专家，曾代表美国国家队参加了2006年国际篮联世锦赛。有了他的加盟，火箭队更是如虎添翼。

姚明对新队友的到来表示了欢迎：“通过以前的比赛和世锦赛上的表现可以看出，巴蒂尔是一个补丁型的球员。这种球员不好当的，因为球队中有很多小漏洞，他能够补充我和麦迪遗留下来的不足，可以解决我们的后顾之忧。”

11月5日，火箭队迎来了自己新赛季的首个主场比赛，对手是上赛季的西部冠军达拉斯小牛队。最终火箭以107：76狂扫小牛队，姚明16投12中，斩获全场最高的36分，外加6个篮板，可谓居功至伟。

“姚今天完全展现了自己的实力。”麦迪在赛后评价道，“而且现在没有几个中锋的表现能像姚明那样。出于这个观点，我必须承认姚明是联盟第一中锋，我明白你会把奥

尼尔拿出来，但我仍然坚持那家伙（姚明）是联盟中的第一中锋。”

小牛队主教练约翰逊在谈起姚明时满脸的无奈，“两人包夹？我们甚至都三人包夹了，但他还是能投中！这有什么办法呢？我们对他的防守好像不存在似的。”

“主场优势是我们取胜的重要原因。”姚明说，“这是我们在家门口的第一场比赛，当着这么多主场球迷，我们的得分欲比在盐湖城时更强烈。其实每场比赛我们都渴望能有今天这样的开局，但我们不得不现实一些。”

随后，姚明又带领火箭队接连战胜了灰熊队、雄鹿队和尼克斯队。在对阵纽约尼克斯队的比赛中，姚明更是在攻守两端完全统治了比赛。“小巨人”最终轰下了35分、17个篮板、7个盖帽的SUPERSTAR（超级明星）级战绩。

2005—2006赛季，姚明完成了自己NBA生涯中的最好的开端。在此前的6场比赛中，姚明场均得到26.2分，在联盟的中锋中排在第一位。姚明也是NBA得分排名前29位的球员中唯一的一位中锋。

2006年11月13日，火箭队奔赴迈阿密美航竞技场，客场挑战卫冕冠军迈阿密热火队，姚明也迎来了与老对手沙奎·奥尼尔的第十三次交锋。虽然饱受伤病困扰，但是在上个赛季，奥尼尔依然凭借内线强悍的攻击力帮助热火队夺得了NBA总冠军。在此前两人的交锋中，奥尼尔场均得到了21.6分和9.9个篮板，高于姚明的16.2分和8.5个篮板。

赛前，舆论普遍认为，这场“姚鲨之战”将决定联盟第一中锋的最终归属。为了对抗姚明，奥尼尔还特意在此前与新泽

◎迈阿密热火队：NBA球队。主场所在城市为美国佛罗里达州迈阿密市。1988年进入NBA。1995年，帕特•莱利成为热火总裁兼主教练。2003年选秀大会上，热火队在首轮第五顺位选择了来自马奎特大学的德维恩•韦德，2004年热火队与洛杉矶湖人队交易得到沙奎尔•奥尼尔，2005—2006赛季奥尼尔和韦德携手率领热火队首度杀入总决赛，在0：2落后的险境下翻盘达拉斯小牛队，首捧总冠军。随着奥尼尔的离去，热火队的战斗力出现明显下滑，下一次重建为期不远。

西网队的比赛中留了不少体力，早早就主动申请六犯离场。

刚一开场，奥尼尔就强打姚明得逞（chěng）。“大鲨鱼”在11英尺处勾手得分，为热火队首开纪录。姚明也毫不示弱，利用防守队员的犯规罚球得分，予以回敬。双方就此展开肉搏战。首节结束时，火箭队以22：25落后。进入第二节，“大鲨鱼”体力明显下降，犯规失误频频出现，主教练“神算子”莱利只得将他换下。在与热火队替补中锋莫宁的交锋中，姚明占据了绝对优势。“小巨人”连续三次单打得手，带领球队一举将比分反超。中场休息时，火箭以42：39领先。

下半场战火重燃，火箭队乘胜追击。姚明在第三节刚一开始就跳投建功，再添两分。在此后的比赛中，“小巨人”更是连续强攻内线得手，频频摧城拔寨。第三节战罢，火箭队以60：56领跑。

来到最后一节，双方的拼抢更趋白热化。姚明连续接麦

迪传球上篮奏效，帮助球队将领先优势逐渐扩大。此前一直表现平平的海德也两次外线远投得手，锦上添花。一记力拔千钧的扣篮之后，姚明的得分已达到30分。最终火箭队客场94∶72轻松搞定迈阿密热火队，豪取四连胜。姚明也在与奥尼尔的对抗中以34分、14个篮板完胜“大鲨鱼”的15分、10个篮板。

虽然大胜卫冕冠军，但姚明在赛后接受采访时还是一如既往的谦逊：“我要防住奥尼尔的唯一办法就是跑起来。奥尼尔比我更强壮，体型也更大，因此唯一的办法就是跑起来，用跑动来限制他的发挥。每次在奥尼尔面前得分时我都会很高兴，就像万圣节里分到糖果的孩子，因此在奥尼尔面前得分真的很难、很难，他仍是一名伟大的球员。”

热火队主教练帕特·莱利对姚明的表现赞不绝口：“姚明今晚的表现好得没话说，沙克也得到了许多不错的投篮机会，他只是没有投进。”

赛后，美国各大主流体育媒体在第一时间发表了评论。舆论普遍认为，NBA第一中锋之争已经有了最终答案，“小巨人”用自己的实力无可辩驳地证明，该是第一中锋权杖进行交接的时间了。

ESPN：正在冉冉（rǎn）上升的姚明，率队赢得了与奥尼尔的这次对决。姚明的表现是出色的，尽管麦迪不在状态，但姚明在本赛季仍率领火箭队取得5胜2负的佳绩。姚明全场奔跑积极，投篮优雅，打球无私。在沙克肘击他的头部后，他只是摇头淡然处之，继续展示他的全面球技。

美联社：姚明完全压倒奥尼尔。奥尼尔虽然完全处于下

风，但他没有太多赞扬姚明，认为这才是姚明应有的水平，因为姚明有7英尺6英寸高，对手很难封盖他的投篮，沙克认为姚明只是表现出了他应有的水平。

《南佛罗里达太阳哨兵报》：面对7英尺6英寸（2.26米）的姚明，7英尺1英寸（2.16米）的奥尼尔看上去如此渺小。这是两大中锋最近两个赛季首次对决，伤病让两人无缘上赛季两队的交锋，结果热火队全部获胜。

《休斯敦纪事报》："关于联盟最好中锋"的争论是有趣的，周日姚明力压沙克，火箭队不但拥有最好的中锋姚明，还比NBA最好的球队打得更好。

在一周之中，姚明率领火箭队取得四连胜。他本人也获得场均29分、11.3个篮板、2.5个盖帽以及2.3次助攻的超豪华数据，毫无争议地当选为当周西部最佳球员。姚明的投篮命中率达到55.7%，罚球线上也是高达90.3%。

2006年12月1日，姚明当选为NBA11月份的西部最佳球员。这是姚明职业生涯中第一次荣膺月最佳球员的称号。"小巨人"也由此成为自1995年1月奥拉朱旺之后第一个获得该项荣誉的火箭队球员。

得知这一喜讯之后，姚明百感交集："我努力让自己保持平静，并告诉自己这只是个开始，我还有很长的路要走。但事实上，我非常兴奋，这是我的第一个月度最佳称号，我希望它不是最后一个。这真是令人激动的一天，我必须要感谢所有人，我的队友和教练们。我训练得很努力，而这个奖项对我来说也意味着许多。我还会继续努力的。"

重返季后赛

正当姚明带领火箭队一路高歌猛进之时，伤病再度无情地向他袭来。2006年12月24日，火箭队主场迎战快船队。当第一节比赛时间过了将近一半时，意外发生了：姚明在防守快船队前锋蒂姆·托马斯的一次进攻时膝盖与对手狠狠撞在了一起，“小巨人”随即被队医搀扶离场。医院的核磁共振检查结果显示：姚明的右腿胫骨顶端受到强烈冲击，出现裂痕。他需要6到12周的休息时间。

虽然姚明因伤休战，但球迷们并没有忘记他。在2006—2007的NBA全明星投票中，姚明以2342738张选票再次成为票王，他也连续第四年成为全明星赛的首发。不过因为要养伤，姚明最终只能遗憾地缺席了全明星赛。另外，在火箭队官方网站2007年1月27日对火箭队半程表现进行的盘点中，姚明在场均得分、篮板、盖帽三项上均名列全队第一。他也因此被评为火箭队表现最佳球员。

2007年3月3日，在经历两个多月的漫长等待后，姚明终于在火箭队客场挑战克里夫兰骑士队的比赛中复出。开场之后，他的状态一般，首节5次投篮无一命中，仅靠罚球得到两分。下半场开战后，姚明在底线附近跳投命中，这也成为他前三节为数不多的几个亮点之一。

进入到最后一节，姚明突然爆发。他不仅连续强打内线得手，单节砍下9分，还多次在对方禁区里抢到进攻篮板。

最终虽然火箭队客场85：91输给了对手，但姚明的出色表现还是让球迷们看到了火箭队的希望。

随着常规赛接近尾声，姚明的状态也迅速复苏。在主场迎战新泽西网队的比赛中，“小巨人”出场29分钟11投6中，砍下24分、13个篮板的两双战绩。在三天后对麦迪的旧主奥兰多魔术队时，姚明更是大开杀戒，豪取37分、7个篮板、4个盖帽的豪华数据。魔术队虽然派出了2004年状元秀德怀特·霍华德和达科·米利西奇对姚明进行双人包夹，却依然无法阻止“小巨人”在内线的强大攻势。米利西奇更是在第四节因累计犯规达到六次被罚离场。要知道，这仅仅是姚明伤愈复出后的第四场比赛！

赛后，队友肖恩·巴蒂尔对姚明的出色表现赞不绝口：“这家伙干得太棒了！他只用两周就恢复到了以往的状态，而且他的进步速度也让人欣喜。他在内线太有效率了，而且他每一场的状态都在提高。”

麦迪则强调了姚明在火箭队进攻体系中的重要作用：“我们今晚干得不错。当姚明状态如此棒的时候，把球交给他就一切都搞定了。”

2004年状元秀德怀特·霍华德对姚明的表现心服口服：“今晚姚打得很棒。他太高大了，难以防范，他的跳投令我们很难阻挡。尽管今晚我们想尽办法来遏制他，但依然无济于事。”

面对如潮水般涌来的赞誉，“小巨人”保持着一贯的谦虚：“虽然我现在的状态越来越好，但我想我的失误还是太多了。而且我的篮板球似乎也少了一些。”

姚明还没有忘记感谢支持他的队友们：“我们的球员表现十分精彩，他们给我的传球太妙了，我每次打球都感到很舒服。我非常感谢我的队友，特别是麦迪，他的助攻有一半是给了我。我为拥有这样的队友而自豪。”

这场酣畅淋漓的大胜之后，姚明的表现越来越好。

3月21号，在火箭队主场迎战步行者队的比赛中，姚明斩获32分、14个篮板的大号两双战绩。在关键的最后一节，“小巨人”一人轰下13分，为火箭队最终击败对手立下头功。在这场比赛里，姚明拿到了他NBA职业生涯的第3000个篮板。

3月29日，在火箭队客场挑战快船队的比赛中，姚明上场32分钟得到24分、15个篮板，带领球队以92∶87战胜对手，终结了快船队的四连胜。

3月30日，火箭队在经过一天休息后迎来了更为强大的对手——洛杉矶湖人队。在比赛中，湖人队的超级球星科比大显神威，独得53分，但“小飞侠”（科比的绰号）一人还是难敌MM组合的巨大威力。姚明与麦迪联袂轰下69分，经过加时赛的鏖战带领火箭队力克对手。姚明斩获39分、11个篮板，另外还送出了四记火锅。

4月3日，凭借场均30分、12.5个篮板和2.25次封盖的出色表现，姚明再度荣获NBA西部一周最佳球员。自姚明3月3日伤愈复出以来，火箭队已经取得了11胜4负的优异战绩，提前锁定了2006—2007赛季季后赛的入场券。

经过艰苦的努力，姚明最终带领火箭队以52胜30负的战绩排名西部第四，在阔别一个赛季之后重返季后赛。“小巨

人”在2006—2007赛季出场48次，场均得到25分、9.4个篮板和2.0次封盖，投篮命中率达到了51.6%。

姚明出色的表现也得到了专家们的一致认可。在两次进入NBA第三阵容后，他终于在职业生涯中第一次被选进NBA第二阵容。

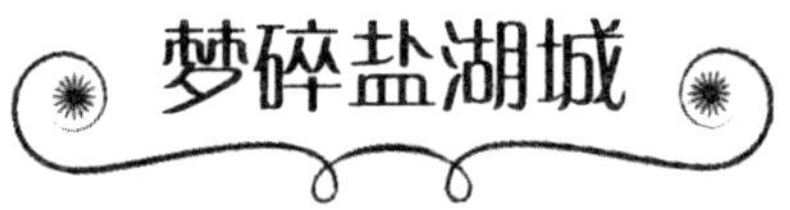

梦碎盐湖城

季后赛第一轮，火箭队的对手是斯隆执教的犹他爵士队。火箭队的第三次季后赛之旅面临着巨大的考验。

4月22日，火箭队与爵士队的系列赛第一场在丰田中心正式打响。休斯敦的球迷们都穿上了代表火箭队的红色T恤，为主队呐喊助威，丰田中心变成了一片红色的海洋。姚

◎犹他爵士队：NBA球队。主场所在城市为美国犹他州的盐湖城。1974年加入NBA，1979年搬迁至犹他的盐湖城至今。1984年，爵士队在第十六位顺位选中约翰·斯托克顿，1985年他们又在第十三位选中卡尔·马龙，两人成为此后爵士队的脊梁，90年代爵士队两入总决赛，就是他们的功劳。2006—2007赛季，爵士队再次崛起。卡洛斯·布泽尔和德隆 威廉姆斯组成了强有力的组合，他们在季后赛连克火箭队、勇士队，一路杀入西部决赛，可惜不敌最后获得总冠军的马刺队。爵士队的进攻以无球移动为主，强调攻守平衡。65岁的老帅斯隆以1035场常规赛的胜利排在NBA所有教练的第五位，执教经验非常丰富。

明的父亲也和球迷们一样穿着火红的汗衫，为姚明第三次出征季后赛加油打气。最终火箭队以84：75击败对手，取得系列赛的开门红。姚明拿下28分和13个篮板。13个篮板数也刷新了他个人季后赛篮板数的新高。

赛后姚明表示，他已经逐渐适应了NBA的防守强度：“在与爵士队的比赛中，我充分领教了他们的强对抗性，这使得比赛变得更艰苦。不过这其实也是很正常的现象，不然怎么会称之为季后赛呢？季后赛就意味着肯定比常规赛更为激烈。”

4月24日，双方的第二场比赛继续在火箭队的主场举行。刚一开场，爵士队就发起了猛烈的进攻。布泽尔连续强攻姚明得手，带领球队以17：8先声夺人。在奥库和布泽尔的双人包夹下，姚明的进攻受到了很大限制，无法有效地发挥出自己的技战术水平。火箭队其他球员也表现平平，第一节全队8次外线出手竟然无一命中，命中率一度只有20%。首节结束时，爵士队以26：17领先。

第二节硝烟再起，姚明的状态明显回升，屡次抢得进攻篮板后两次进攻得手。在他用娴熟的“上海舞步”单打身高2.11米的奥库得手，将球漂亮地灌进篮筐后，现场的解说员激动地高喊：“这简直不可思议！你能相信身高2.26米的球员有如此迅速的脚步吗？”

上半场结束前4分7秒，姚明在防守布泽尔的时候犯规，累计犯规次数达到三次，被迫下场休息。好在麦迪和巴蒂尔均有不俗表现，双方的分差逐渐缩小。第二节战罢，火箭队以39：41落后。

进入下半场，火箭队大举反攻。姚明连续单打奥库成功，带领球队一举将比分反超。麦迪连续外线3分命中，表现同样毫不逊色。第三节结束时，火箭队以67∶62领跑。来到最后一节，火箭队乘胜追击。姚麦双剑合璧，帮助球队将领先优势进一步扩大。本节时间过半时，麦迪看准篮下空当，一记妙传，姚明人到球到，空中接力双手灌篮，随即他又后仰投篮得手，再添两分。精彩的表演顿时点燃了整个球馆的激情，球迷们高声唱起了那首风靡整座休斯敦城的《姚明之歌》。

最终火箭队主场98∶90再下一城，在七场四胜制的系列赛中以2∶0领先。姚明拿下27分和9个篮板的准两双战绩。

虽然在主场取得两连胜，但姚明并没有因此而沾沾自喜："回到爵士队的主场，他们肯定会殊死反扑，跟我们拼命。如果他们输掉第三场，可能在盐湖城就会结束战斗了。两年前的经验告诉我们，2∶0可不是万无一失的。"

4月27日，火箭队与爵士队移师盐湖城，开始了系列赛的第三场战役。在比赛中，爵士队出色的防守成功地冻结了火箭队的攻势。姚明虽在比赛中拼尽全力，却依然无法阻止对手的反弹势头。最终火箭队客场67∶81告负，姚明得到26分。

紧接着，在两天以后的第四战中，火箭全队再度陷入低迷。面对奥库、科林斯和布泽尔的多人包夹，姚明的进攻显得步履维艰，多次被对手抢断成功。最终火箭队以85∶98再折一阵，双方的总比分2∶2。

5月1日，关键的第五场系列赛在火箭队主场丰田中心开

战。凭借姚明的出色发挥，火箭队最终以96：92力克对手，赢得了“天王山之战”的胜利。“小巨人”得到21分和15个篮板，麦迪取得26分、16次助攻。

虽然赢下了生死攸（yōu）关的第五场比赛，姚明的脸上却看不到一丝喜悦。他清楚地知道，更严峻的考验还在后面等着他：“下一场才是真正的挑战。爵士队是不会放松的，他们回到家，那是他们的最后一个主场。背水一战，他们一定会拼尽所有的力气，争取拿下来，然后回到这里来个决战第七场。我会调整好自己。我知道在盐湖城的比赛会很难，我的体能在那里一直有问题。我会不停地跑，努力在移动中要到位置，越深越好；越靠近篮筐，我的命中率就越高。我必须在进攻上打出来才行。”

然而，季后赛的战场波谲云诡（bō jué yún guǐ）。虽然姚明已经对第六场比赛的艰苦程度有了充分的思想准备，可他最终还是没能在盐湖城带走一场胜利。比赛一开始，“土耳其火炮”奥库就显示出良好的手感，他连续中距离投射命中，带领球队一路领先。火箭队虽在第四节一度将分差缩小到一分，可姚明接下来连续的进攻犯规葬送了全队反击的势头。奥库外线三分命中，更是彻底粉碎了火箭队扳平比分的希望。

苦战之后，火箭队还是客场82：95输给了爵士队。姚明尽管拿下了25分和6个篮板，但他的失误数高达8次。双方总比分战成3：3，系列赛进入了关键的第七场决胜战。

5月6日，火箭队与爵士队的第七场系列赛在丰田中心拉开战幕。因为这场比赛将决定哪支队伍最终进军季后赛第二

轮，对垒双方都全力以赴，派出了最强阵容出征。

开战伊始，客场作战的爵士队率先人举进攻。奥库与布泽尔频频进攻得手，带领球队一举掌控了比赛的主动权。反观火箭队，则显得有些拘谨。全队投篮命中率不高，在防守端也显得注意力不够集中。姚明虽多次强攻内线得手，怎奈独木难撑，双方分差还是越拉越大。

进入第四节，火箭队终于恍然梦醒。姚明与麦迪联手发威，帮助球队打出一波7：0的小高潮，实现反超。比赛还剩6分钟时，火箭队领先了5分。整个丰田中心都沸腾了，球迷们终于看到了胜利的曙光。

决胜关头，火箭队突然再度陷入低潮，全队几次投篮均告偏出。布泽尔连续抢到进攻篮板得分，带领球队迅速将比分追上。奥库外线三分命中，帮助爵士队在终场前1分钟时将比分反超。最后时刻，火箭队没有抓住扳平比分的机会，最终99：103憾负，再次被挡在了季后赛第二轮的门外。

季后赛的再度失利，让姚明承受了巨大的压力。很少有人知道，姚明一直是带着伤咬牙坚持比赛的。“小巨人”的脚趾伤势一直没有痊（quán）愈。在季后赛每场比赛之前，他都要打抗生素来防止感染。然而，姚明却从来没有向媒体和球迷抱怨过。

赛后，姚明的心情显得异常沮丧：“这是我所有篮球比赛结束以后心情最坏的一场。我没有把自己的工作做好，没有抢到最后的篮板，是我失职。你没有什么办法脱离这一切，你必须去承受。如果批评让我们受伤，就让我们受伤吧。明年见。”

“这是我最难过的一天，我好想哭。我们一个赛季以来的努力，一直到两个星期前的所有努力都泡汤了。”

在家人与朋友的鼓励和开导下，姚明很快就从失利的阴影中走了出来。他坚信，沮丧和懊恼并不能带来胜利，只要锲而不舍，不断拼搏，总有一天会收获胜利的甘甜！

第五章

光荣与梦想

- 中国德比
- 22连胜
- 北京奥运（1）迎战世界冠军
- 北京奥运（2）杀出重围
- 火箭版三巨头
- 突破！叹息的墙壁
- 血战湖人

中国德比

2007年5月22日，姚明早早地来到了火箭队的主场丰田中心。在这里，球队历史上的传奇巨星奥拉朱旺将对他进行单独的特训。

在谈到训练内容时，奥拉朱旺透露说：“姚首先要练习勾手动作，需要学习时机，观察对手变化；其次是封盖，利用身高优势进行更多的封盖，而不只是干扰球；此外还要更狠些，让自己更强壮才能真正地统治内线。

能够得到“大梦”（奥拉朱旺绰号）的亲自指导，姚明非常兴奋：“大梦从小就是我崇拜的偶像。他毫无保留地向我提出了比赛中存在的问题，训练中他也做了很好的指导，让我受益匪浅。”

经过夏季的刻苦训练，姚明的内线对抗能力和脚步灵活度都大大加强了。更加弥足珍贵的是，在奥拉朱旺的悉心指导下，“小巨人”的勾手投篮技巧日渐娴熟。这一切都为姚明的新赛季征程奠定了坚实的基础。

随着火箭队冲击季后赛第二轮失利，主教练范甘迪在球队里的使命也宣告结束。2007年5月23日，火箭队正式宣布，由里克·阿德尔曼担纲该队新任主教练。阿德尔曼以普林斯顿进攻体系享誉NBA。他在进攻端强调球队的整体移动和中锋对队友的策应掩护。在阿德尔曼执教的14个赛季里，他麾下的球队从未缺席过季后赛。

新闻发布会上，阿德尔曼坦承，姚明是吸引他接掌火箭

教鞭的主要原因："和姚明的见面非常愉快。球队有这样一个顶尖大个子，我无法抵挡火箭队的诱惑。对于姚明，我并不关注他跑得有多快，而是他在场上的目的性。姚明仅仅待在禁区是不够的，他必须成为一个多面的传球手以及外围的进攻者，成为全队组织进攻的核心。"

2007年的夏天，对于姚明来说还有着特殊的意义。8月6日，"小巨人"与相恋七年的女友叶莉结束了爱情长跑，在上海香格里拉酒店举行婚礼，正式步入婚姻的殿堂。

当有记者问婚礼上会不会紧张时，姚明幽默地回答："当然会紧张。我有很多比赛的经验，但我不需要结婚的经验——也许我会打一万场比赛，但结婚一辈子一次就足够了。"

金秋时节，姚明还与NBA著名球星纳什一起发起了一场慈善义赛，对阵双方是中国男篮明星队和NBA慈善之旅明星队，比赛的全部收入都将用于慈善事业。

9月14日晚，由姚明、纳什联手协办的中国男篮与NBA球星慈善义赛如期在北京首钢体育馆举行，纳什、安东尼、巴博萨等NBA球星与中国国家队多名主力同场献技，比赛还吸引了香港电影巨星成龙以及台球"神奇小子"丁俊晖到场助阵。最终中国男篮以101∶92战胜对手。此次慈善义赛主要是为了帮助中国西部地区兴建学校，活动最终筹集的款项达到了1000万人民币。

姚明在谈及慈善赛的意义时表示："这次的慈善活动对于我来说意味着很多。我非常感谢那些帮助我和纳什完成这项活动的球员，希望这次慈善活动能够为中国需要帮助的儿

童带来一些巨大的改变。”

在姚明迎来自己的第六个NBA赛季时，联盟中又多了两位黑头发、黄皮肤的中国人：姚明在中国男篮的队友易建联在2007年的NBA选秀大会上以第一轮第六顺位被密尔沃基雄鹿队选中，正式进军NBA；另一位队友孙悦也以第二轮第四十顺位被洛杉矶湖人队选中。

在接受媒体记者采访时，姚明给自己的小师弟们提出了许多中肯的建议，希望他们善于和队友沟通，发挥自己的技术特长，在异国他乡为祖国争取更多的荣誉。

2007年10月31日，姚明带领火箭队开始了新赛季的征程，他们的第一个对手就是科比领衔的洛杉矶湖人队。

比赛之前，姚明特意到中国城剪了头发，人看上去精神多了。大赛之前理发已经成了姚明的一种习惯。每次重大比赛之前，他总会将头发剪短，精神抖擞地迎接挑战。

◎易建联：中国著名篮球运动员。1987年10月27日出生于广东鹤山。易建联15岁就进入了中国篮球职业联赛（CBA）。在广东宏远效力的五个赛季中，他帮助球队获得了三次CBA总冠军。2005—2006赛季，易建联以总决赛场均19.8分和9 7个篮板成为CBA历史上最年轻的总决赛最有价值球员。易建联在2007年6月29日参加NBA选秀，以第一轮第六顺位被密尔沃基雄鹿队选中。2008年6月27号转会去新泽西网队。2008年8月参加北京奥运会，帮助中国男篮夺得奥运会男子篮球第八名的成绩。

也许是理发带来了好运，在客场挑战湖人队的比赛中，姚明砍下25分和12个篮板，与麦迪一起携手95：93险胜对手，为火箭队赢得了开门红。在比赛中，姚明一人包揽了火箭队所得的前五分，还多次上演运球单手扣篮的精彩镜头。

虽然赢下了比赛，但姚明对自己的表现并不满意。他在接受采访时表示："今天这场比赛我们赢得还是有些幸运。我的失误也太多了，有两次完全不应该。"

对主教练阿德尔曼的新战术，姚明表示还有些不适应："球队有时候跑位不够流畅，总是在跑到一定程度的时候就不知道怎么跑下去了。一支技战术熟练的球队应该能做到自我调节，每个人都可以把球移动起来，火箭队现在还不能做到这一点。"

接下来，火箭队又连续击败了爵士队和开拓者队，以三连胜取得了11年来常规赛的最佳开局。姚明场均拿下19分和10.3个篮板，为球队的获胜立下头功。在比赛中，姚明的转身跳投和低位勾手投篮发挥了巨大的威力，在攻防两端均有上佳表现。

2007年11月10日，火箭队坐镇丰田中心迎战密尔沃基雄鹿队，姚明和易建联首度在NBA的赛场上同场竞技。在此之前，上一次中国球员的德比大战还要追溯到2004年1月27日，已经是三年多以前的事了。这场比赛将成为NBA历史上收视率最高的比赛，姚明和易建联间的较量吸引了近两亿观众的目光，有19家电视台实况转播了这场焦点之战。

大赛之前，姚明特意在休斯敦的一家餐厅设宴款待了易建联，还与阿联分享了许多比赛的心得和经验。尽管即将

在赛场上兵戎相见，但两人都深知“场上是对手，场下是兄弟”的道理，中国篮球的荣誉还需要这两位国家队的队友齐心协力去捍卫。

比赛开始阶段，姚明与易建联打得都有些拘谨。姚明在第一节六次投篮仅一球命中，易建联也是两投全失。来到第二节，姚明逐渐找回了状态，本节刚一开始，他就在中路转身后仰投篮得手，精彩的进球彻底引爆了主场观众的热情，现场的解说员激动地高喊：“姚明，多么漂亮的上海舞步！”

凭借姚明的连续得分，火箭队逐渐将分差拉开。易建联也抓住机会，命中了个人本场的第一球。中场休息时，火箭队以50∶41领先。姚明在本节三投全中，砍得10分。

进入下半场，易建联的手感迅速升稳。他在本节内突外投，一人砍下11分，还与队友联手秀了一把空中接力。怎奈火箭队整体发挥俱佳，麦迪与姚明联袂出击，带领球队牢牢控制着场上局势。第三节战罢，火箭队以78∶70领跑。

来到最后一节，双方的拼抢更加激烈。姚明和阿联多次出现正面交锋的镜头。本节进行到3分35秒，易建联中投得手。姚明迅速还以颜色，他先是强行上篮拿下两分，随即又给了阿联一记结结实实的火锅。凭借整体实力的优势，火箭队逐渐将双方分差拉开。

最终火箭队以104∶88击败雄鹿队，取得了2007—2008赛季的第五场胜利。姚明拿下28分和10个篮板的两双战绩，易建联也有19分和9个篮板的不俗战绩。

赛后，姚明对阿联的表现赞赏有加：“他打得非常好。

上半场阿联有些拘谨，下半场他开始进入状态，帮助雄鹿队保持了竞争性。”

当有记者问姚明他和易建联哪个更强时，姚明回答说：“我是中锋，小易是大前锋，首先位置就不同。其次，火箭队和雄鹿队的战术也不一样，对内线球员的要求也不尽相同。有些东西真的不能去比，硬是要比只能给阿联增加无谓的压力，他需要借鉴的只是外籍球员适应美国文化的经验。”

姚明还在采访中表达了对易建联的殷切期望：“阿联比我当新秀那会儿强多了，数据啊，投篮命中率啊，乃至球队战绩啊，都要强不少，他的起步就比我好。阿联是一个非常非常聪明的球员，我相信他的成就一定能超过我。”

11月13日，凭借场均27.8分、10.5个篮板和2.8次封盖的骄人战绩，姚明当选NBA西部一周最佳球员。新赛季开战后，麦迪和姚明包揽了前两周的最佳球员，充分显示了火箭队的强劲势头。

22连胜

天有不测风云，经历了赛季初的高歌猛进后，火箭队开始逐渐减速。麦迪的状态让球队的征途步履蹒跚，失去进攻主要火力点的火箭队接连输给了灰熊、太阳等球队。

11月30日，火箭队以99：107输给了国王，再次遭受重创。比赛结束后，姚明表示了对火箭队现状的强烈不满：“输球的主要原因在我们自己。我们打得太死板了，大家跑

得不够积极，很多时候都在等着打半场。我们把比赛想得太容易了！”

姚明还直言不讳地批评了某些队友的表现：“下半时我们打得一点拼劲也没有，毫无激情。我知道我自己的能力，要真让我一个人把球队带起来，现在还做不到。但我敢拍着胸脯说，每一场球我都尽力了。我在赛前主动和很多球员去沟通，和他们交流对比赛的准备，但他们中的某些人事实上并没有我期待的那种热情。”

姚明的愤怒终于促使火箭队触底反弹。12月6日，在与灰熊队的比赛中，火箭队员们全面开花，最终主场105：92击败对手，结束了连败的糟糕战绩。这场比赛，姚明拿下24分、13个篮板和4个盖帽，麦迪得到17分、12个助攻和10个篮板的三双数据。替补出场的邦齐·维尔斯也有24分和7个篮板入账。

赛后接受采访时，姚明欣慰地笑了：“今晚我们打得不错，希望每场比赛兄弟们都能齐心协力，发挥最高的水平。只有这样，火箭才有希望！”

2008年1月25日，NBA全明星赛最后一轮首发阵容投票结果公布，姚明得到1709180票，连续第六次代表西部首发。

在2007—2008赛季赛程过半之际，专家们对NBA各支球队的球员表现进行了分析。姚明以场均22.4分、10.7个篮板和2.5次助攻毫无争议地成为火箭队的攻防核心。“小巨人”的进攻手段更加丰富，在内线的统治力也进一步加强了。在比赛中，姚明有机地融入到火箭队的整个进攻体系

中，成功地完成了从传统型中锋逐渐向全能型中锋的转变，场均2.5次的助攻比此前他最好的赛季足足提高了25%。

随着麦迪的再度受伤，所有人关注的焦点都汇集在了姚明身上。球迷们都期待着“小巨人”能在接下来的比赛中有更出色的发挥，带领火箭队一飞冲天。2008年1月30日，姚明感冒痊愈后复出，率领火箭队主场迎战2007—2008赛季还从未战胜过的金州勇士队。在麦迪因病缺阵的情况下，“小巨人”只手擎天，带领火箭队与对手展开鏖战。

勇士队是一支以跑轰打法为主的球队。在对手不停包夹、绕前和补防的情况下，姚明不惜体力奔跑，屡次强攻内线得手。在防守端，面对身高体重都比自己差了一截的比德林斯，姚明也在对抗中占据了绝对优势，第一节他就拿下10个篮板。最终“小巨人”狂揽36分和19个篮板，带领球队以111：107击败对手。

赛后，队友巴蒂尔对姚明的表现赞不绝口：“我们有姚明，这个大个子会让一切变得不同。他太不可思议了，把一切都背在自己身上，打了一场无与伦比的比赛。”

拿下难缠的对手后，心情大好的姚明开起了玩笑：“我很高兴自己命中了那些罚球，看来今天是我们的幸运日。也许火箭队可以考虑聘请我为罚球教练啦！”

从这一场比赛开始，火箭队开始全面提速：

2月2日，火箭队以106：103力克步行者队，姚明得到17分和12个篮板的两双战绩。

2月3日，火箭队以91：83胜雄鹿队，姚明在第二次与易建联的中国德比对抗中得到12分、12个篮板和3个盖帽。

2月5日，火箭队以92：86击败森林狼队，姚明得到16分、5个篮板。

2月8日，火箭队以92：77大胜骑士队，姚明取得22分和12个篮板。在这场比赛中，丰田中心涌进了18402名球迷，超过了2006年12月火箭队对阵湖人队时创下了的队史上座率记录。

2月10日，火箭队主场迎战亚特兰大老鹰队。比赛开始后，老鹰对姚明采取包夹战术，双方几次进攻均无功而返。最终还是火箭队首先打破了场上的僵局，姚明抢断成功，顺势妙传给队友巴蒂尔拉杆上篮得分，首开纪录。此后的比赛火箭队开始全面开花。麦迪、姚明以及巴蒂尔轮番出击，帮助球队牢牢控制着比赛的主动权。第一节结束时，火箭队以31：23领跑。

来到第二节，火箭队乘胜追击。姚明连续强攻内线成功，频频得分。在防守端，“小巨人”也完全掌控了场上局势，多次送出精彩封盖。火箭队进一步将领先优势扩大。

进入下半场，老鹰大举反扑。约翰逊与威廉姆斯接连中投得手，帮助球队逐渐将分差缩小。可惜老鹰的反攻只是昙花一现。麦迪与姚明联袂出击，一轮狂风暴雨般的攻势彻底浇熄了对手反攻的势头。

赛后，老鹰队头号球星约翰逊无奈地表示：“姚明如此高大，在内线的优势非常明显，给联盟中的每个球员都能造成麻烦。今晚姚明让霍夫曼的威力大减，事实上让他与姚明进行对位攻防很不公平。今晚我们最大的麻烦是姚明，他给我们制造了很大的麻烦。一个7英尺6英寸的大家伙，投篮却非常好，这确实让我们很难对付。”

最终火箭队以108：89击溃老鹰队，迎来了球队本赛季最长的六连胜。姚明拿下全场最高的28分和10个篮板。

2月12日，火箭队以95：83轻取开拓者队，姚明再次得到全场最高的25分和7个篮板。

2月14日，火箭队以89：87险胜国王队，将赛季最长的连胜纪录扩大到八场。姚明轰下25分和14个篮板的两双战绩，带领球队涉险过关。

2月18日，率队获得八连胜佳绩的姚明带着轻松的心情参加了2008年NBA的全明星赛。在比赛中，姚明的表演功力有了明显的进步。“小巨人”不但连续秀了三分投篮的功夫，还在下半场开战后将球故意扔给场边观战的武打巨星李连杰，引起了全场观众会意的笑声。最终姚明上场13分钟，得到6分和5个篮板。

全明星赛后，火箭队延续着自己的连胜势头：

2月20日，火箭队以93：85再胜“小皇帝”詹姆斯领衔的骑士队。姚明在对手身高2.2米的中锋伊尔格斯卡斯的贴身防守下取得16分和14个篮板，带领球队取得了9年以来的第一个九连胜。拿下这场比赛后，火箭队终于再次跻身西部前八名。

2月22日，火箭队以112：100击退热火队，姚明砍下21分和9个篮板。

2月23日，火箭队以100：80大胜西部排名第一的新奥尔良黄蜂队。姚明豪取28分和14个篮板的两双战绩，帮助球队将连胜纪录扩大到11场。

2月25日，火箭队110：97狂胜公牛队。

正当所有球迷都在为新赛季姚明的出色表现欣喜不已的时候，一个不幸的消息传来：2月26日，姚明训练后在休斯敦赫曼纪念医院做了核磁共振检查，检查结果显示左脚遭遇应力性骨折。3月4日，姚明在赫曼纪念医院德州医疗中心部成功进行了手术，修复了自己遭遇应力性骨折的左脚，同时清除了脚部的骨刺。他因此而缺席了火箭队2007—2008赛季余下的所有比赛。

得知这一消息后，火箭队上下一片震惊。俱乐部老板亚历山大的言语中饱含无限心酸："我简直不敢相信这是真的，太让人伤心了，我从来没有这么糟糕的感觉。这本来是我们冠军年代之后的最好表现，姚明在这里面扮演了中坚的角色。我们拥有很好的球员，希望他们能够沿着姚明开拓的道路勇敢地走下去，在季后赛中走得很远。"

火箭队总经理多耶尔·莫雷惋惜地说："姚明一直都是火箭队的荣耀，他是球队能够取得12连胜，奋起直追的发动机。"

姚明的队友阿尔斯通这样评价他："姚明对球队有多重要毋庸置疑（wú yōng zhì yí），他是球队最关键的人物。"

在临时召开的新闻发布会上，姚明几度红了眼眶，强忍住泪水。"小巨人"表示，他最关心的是能否参加北京奥运："现在我只想怎么样处理好目前的伤病，选择最适合自己的治疗方案。我只想尽快地归队打球。如果不能参加北京奥运会，将是我一生最大的遗憾。"手术成功后，姚明的最

大心愿就是早日回到替补席上，为队友加油助威。

让姚明欣慰的是，在他的精神感召下，火箭队延续着连胜的势头。掘金队、小牛队、篮网队……一支支联盟强队在火箭队强大的攻击力下俯首称臣。3月17日，火箭队在主场击败科比领军的西部领头羊洛杉矶湖人队，取得22连胜的佳绩，同时也登上了西部第一的宝座。22连胜的战绩也创造了NBA历史上第二长连胜的记录。

最终火箭队以55胜27负的战绩再次杀入季后赛。在季后赛第一轮中，火箭队再次遭遇老对手犹他爵士队。在经过六场鏖战之后，最终失去了内线支柱的火箭队还是遗憾地以2：4止步首轮，结束了自己的2007—2008赛季。

终场哨响之后，一直在场边为队友加油的姚明低下头，默默地走进更衣室。面对记者的摄像机，姚明表示："这实在是一个让人难过的夜晚，实在令人难过。也许明天我会想想接下来的事，可现在，我们都很难过。对我们来说，这将是一个漫长的夜晚。"

火箭队总经理莫雷走进更衣室，轻轻拍了拍姚明的肩膀。在这个时刻，每个人都能体会姚明内心的痛苦。

北京奥运（1）
迎战世界冠军

2008年8月，举世瞩目的第29届奥运会在北京盛大开幕。

◎北京奥运会：第29届奥林匹克运动会于2008年8月8日至24日在中国首都北京举行。此次奥运会设置了三大理念：绿色奥运、科技奥运、人文奥运。举行了28个大项、38个分项的比赛，产生302枚金牌（其中中国获得51枚）。有2万多名运动员、教练员和官员参加了本次奥运会。除大部分比赛在北京举行外，帆船比赛在青岛举行，马术比赛在香港举行，部分足球预赛在天津、上海、沈阳和秦皇岛举行。中国体育代表团以51枚金牌的成绩位列本届奥运会金牌榜首位，创造了中国参加奥运会以来的最佳战绩。

姚明通过自己的刻苦训练，终于赶在奥运会举办前复出，率领中国男篮第三次出征奥运会。

在谈到自己的奥运情结时，姚明感慨万千。1996年，姚明进入上海青年队。当中国男篮在亚特兰大奥运会男篮比赛中迎战阿根廷队时，姚明在凌晨3点起床，在电视机旁为中国队呐喊助威。回忆起当时的情景，姚明依然记忆犹新：“最终中国队赢得了比赛，我们全家都特别激动。当时王治郅就在中国男篮，而且打得非常出色。那时候我就在想，总有一天，我也要站在奥运会的舞台上。”

2000年悉尼奥运会，姚明第一次代表中国队登上奥运赛场。2004年雅典奥运会时，他还光荣地担任了中国体育代表团的旗手。现在，祖国承办的北京奥运会就要举行了，姚明的心中能不感慨万千吗？

在谈到中国男篮在奥运会上的目标时，一向幽默风趣的

姚明顿时严肃起来："我们的目标非常明确，至少也得进入八强！希望这次我们可以让全世界惊奇，超额完成任务。不过奥运会的比赛，每一场都不好打，我们必须每一秒都全力以赴。"

北京奥运会的男篮比赛中，中国队与美国、西班牙、希腊以及德国等世界强队同处一组，出线前景不容乐观。谈及分组形势时，姚明充满自信："我们组有些球队实力明显很强，不过我相信中国队并不是完全没有机会，关键在于你自己要去争取！"

2008年8月8日，北京奥运会开幕式隆重举行。当中国代表团旗手姚明高擎五星红旗出现在国家体育场"鸟巢"的那一刻，全场顿时响起了雷鸣般的掌声。这也是姚明继雅典奥运会之后再次担任旗手。与姚明一起手拉手走在中国队最前面的还有年仅9岁的"抗震救灾英雄少年"林浩。

◎林浩：四川省汶川县映秀镇中心小学二年级学生，出生于1998年。四川5•12特大地震发生后，林浩在自己脱险后没有慌乱逃离，而是只身钻入废墟赤手救出两名同学，并把同学背到安全处。在救援过程中，原本没有受伤的林浩多处受伤。小林浩超出年龄的成熟和勇敢、健康、乐观的性格感染了每一个中国人，9岁的林浩被授予"抗震救灾英雄少年"称号。

奥运开幕式总导演张艺谋这一匠心独具的安排，体现了全世界人民对汶川大地震受灾群众的深切关怀。林浩与姚明手牵手迈入会场的镜头，也成为北京奥运会最经典的瞬间之一，永远地留在了全世界人民的心中。

8月10日，中国队与美国队的比赛在五棵松体育馆正式打响。中国男篮在北京奥运的第一次亮相吸引了全世界观众的目光，美国总统布什也出现在观众席上，兴致勃勃地观看了整场比赛。

美国队的球员基本上都在NBA打球，许多人和姚明是老朋友。虽然是在奥运会的赛场上，大家还是会互相开玩笑。姚明一犯规，场边替补席上的美国球员韦德就起哄说：“姚，小心被罚出场哦。”姚明也会意地笑着伸出两根手指，意思是：“才两次，还早得很呢！”

最终中国队以70：101负于美国队。姚明出场31分钟10投3中，得到了全队最高的13分和10个篮板，另外还送出了3次盖帽。

虽然最终输给了实力强劲的对手，但中国男篮在比赛中顽强拼搏的精神还是赢得了球迷和专家的一致认可。通过与美国队的较量，男篮的小伙子们获得了巨大的信心。

赛后，姚明表示：“这是奥运会，我们全力以赴地去拼，这是和以往完全不同的比赛。我们要表现出自己最强的能力。”

12日下午，中国男篮迎来了小组赛的第二个对手西班牙队。西班牙队曾经夺得过2006年的世锦赛冠军，队中主力球员几乎都有在NBA效力的经验。在揭幕战中，西班牙队以81：66轻松击败希腊队。中国男篮面临着严峻的考验。

开场之后，双方进入状态都比较慢。姚明连续抢得防守篮板，帮助球队稳住阵脚。刘炜突破上篮得手，为中国队先拔头筹。西班牙随即大举反扑，雷耶斯、希门尼斯以及费尔

南德斯轮番出击，将比分反超。此后姚明开始大显神威，第一节进行到6分09秒时，他在篮下接球之后面对加索尔和补防的雷耶斯的双人封盖强行后转身扣篮得手，博得了全场观众的热烈掌声。首节比赛结束前2分30秒，姚明再度卷土重来："小巨人"与刘炜一个精彩的挡拆，篮下接球后大力灌篮得手，随后他又助攻朱芳雨命中三分。第一节战罢，场上比数为18：20，中国队以两分之差落后。

进入第二节，中国队换上替补阵容。李楠转身上篮命中，帮助中国队反超。姚明在替补席上也不闲着，他时而为队友鼓掌打气，时而抓着毛巾狠狠挥舞，比自己在场上时还要激动。

眼见形势不妙，西班牙队派上了主力加索尔兄弟，姚明在经过短暂的休息后也再度上阵。"小巨人"的上场在内线牵制住了西班牙队的防守注意力，刘炜趁机连续突破得分。上半场结束前，姚明抢到后场篮板后发动快攻，一个精准的长传，刘炜接球后轻松上空篮成功。第二节结束时，中国队以46：37领先。这也是中国男篮在世界大赛上同西班牙队的9次交手中，惟一一次在半场结束的时候领先对手。姚明在上半场得到8分和4个篮板。

来到第三节，中国队乘胜追击。朱芳雨与刘炜接连远程三分命中，帮助球队将领先优势进一步扩大。姚明随即也在内线发起强攻，突破上篮造成加索尔的犯规，两罚一中。第三节结束前两分钟，王治郅抢下进攻篮板后再次起跳投篮命中，还造成了西班牙球员的犯规。姚明兴奋地冲上前去，和大郅撞胸以示庆祝。第三节结束时，中国队以61：47领先。

最后一节刚一开始，姚明就送给了对手一记封盖。但接下来的场上形势风云突变，西班牙队明显加强了对内线的防守力度，在对手的包夹防守下，姚明连续两次进攻均无功而返。在西班牙的疯狂逼抢之下，中国男篮的体力明显有些跟不上。终场前两分钟时，纳瓦罗外线三分命中，双方战成70平。此时姚明已经身背4次犯规，形势异常危急。王治郅右侧底角接球之后远投命中，帮助中国队再次将比分超出。小加索尔随即单打姚明抛投命中，还以颜色。72平！比赛被拖入加时赛。这也是北京奥运会男篮比赛的首个加时。

加时赛刚刚开始，姚明就在防守加索尔时上篮被判犯规，累计五犯被罚离场。失去了内线屏障的中国队在此后的比赛中完全落于下风。最终经过苦战，中国队75：85负于对手，遭遇小组赛两连败。

在比赛中，姚明是西班牙队重点盯防的对象，对手的紧逼包夹令他很难找到进攻的节奏。虽然全场比赛只得到了11分和9个篮板，但姚明在防守端上发挥了巨大的作用，很好地遏制了对方的内线得分。在“小巨人”的严防死守下，西班牙队传球成功率明显下降，在内线的传球更是几乎一次也没有成功。

赛后，姚明接受了央视的专访，他表示：“中国男篮有了长足的进步，这场比赛每个人都把握住了自己的机会，如果我们运气好一点的话，哪怕一点点，都不用再打加时赛了。也许我们减少一个失误，最后一个球防下来，就不至于有后来的加时……这里面有太多太多原因。我们今天防守都非常积极，把握住了每一个可以触摸到的球，每一个可以触摸到的机会，没命地跑动。就像在第一场输给美国之后说的那样，我们会咬牙继续走下去。”

虽然输掉了前面的两场小组赛，姚明依然对中国队的前景充满信心：“让我们接着干，一场一场来，不能说打美国打西班牙打得好，就一定能够赢安哥拉。之所以我们能和西班牙队打成这样，一定原因是他们小看了我们，这对他们对我们都是一件好事。打安哥拉队我们千万不能轻视对手。”

面对新科世锦赛冠军西班牙队，中国男篮的小伙子们打出了自信心和勇气，充分展现了良好的拼搏精神和体育尊严。可以说，他们虽败犹荣！

北京奥运（2）杀出重围

14日14：30，中国队迎来了小组赛的第三个对手——安哥拉队。两场小组比赛之后，中国队不但排名垫底，同时还落下了近40分的净负分。如果中国男篮想小组出线，就必须战胜安哥拉队。

中国队没有给对手任何反扑的机会。安哥拉队平均身高只有2.05的内线阵容根本无力阻挡中国队的疾风骤雨般的狂攻，姚明在篮下的对抗中完全占据了压倒性优势。“小巨人”连续转身投篮得分，带领球队一路领跑。最终中国队以85：68横扫对手，取得了北京奥运会男篮小组赛的首场胜利。姚明不负众望，拿下全场最高的30分、7个篮板，另有4次盖帽和3次助攻。

8月16日，中国队迎来小组赛第四个对手德国队，此前双方都是1胜3负，两队比赛的结果将直接决定小组最后一个出线名额的归属。德国队拥有多名在NBA打球的球员：队内头号球星诺维斯基曾荣膺2006—2007年度NBA常规赛最有价值球员，实力不俗；内线球员克里斯·卡曼在洛杉矶快船队效力。中国男篮曾在2002年世锦赛同德国队交过手，当时中国队大比分告负。时隔6年之后，两支球队再度狭路相逢，中国男篮能否在家门口报得一箭之仇？

比赛开始后，中国队率先开启攻势。朱芳雨外线看准空当，将球传给罚球线附近的姚明，“小巨人”转身单打卡曼，后仰跳投命中。诺维斯基随即内外线连续投射得手，帮助德国队将比分反超。首节比赛时间过半时，姚明又奉献了一记漂亮的封盖。此后他内线再次强打卡曼得手，还造成了对手的犯规。第一节结束前52秒，姚明转身后仰跳投打板命中，再添两分。首节比赛结束，中国队以19：9领先。

进入第二节，中国男篮换上轮换阵容，由王治郅和易建联担纲内线。缺少了篮下第一高度姚明，中国队的内线防守强度顿时降低，德国队乘机大举反攻。替补上场的控球后

卫罗勒连续外线三分命中，将双方的分差迅速缩小。无奈之下，姚明被迫再度披挂上阵。中国队发起快攻，姚明在右侧45度角投射，命中三分，这也是姚明在本届奥运会上第二次外线建功。第二节进行到8分58秒时，姚明强打内线造成卡曼第三次犯规，郁闷的卡曼只得再度下场休息。上半场比赛临近尾声时，刘炜运球出现失误，被德国队员抢断后快攻得分。凭借这个进球，德国队实现反超。中场休息时，中国队以27：34落后。姚明在上半场得到12分和4个篮板，是中国队中惟一得分上双的球员。

下半场战端重开，中国队展开了凶狠的反扑。第三节刚一开战，姚明就强攻篮下造成菲莫林犯规，两罚全中。孙悦与刘炜随即接连外线三分命中，带领球队在开场后打出一轮8：0的小高潮。反观德国队，进攻端显得有些凌乱，只能依靠诺维斯基的单打得分与中国队苦苦周旋。此后的比赛中姚明依旧威风不减，“小巨人”抢下进攻篮板后上篮得分，同时造成诺维斯基犯规，加罚命中。第三节结束时，中国男篮以47：39领跑。

来到最后一节，中国队愈战愈勇。姚明连续两次背身单打得手，帮助球队将领先优势扩大到12分。最后时刻，诺维斯基开始爆发。“德国天王”内外线接连发飙连砍5分，带领球队奋起直追。关键时刻，姚明跳投得分，彻底粉碎了对手扳回比分的希望。比赛结束前4.7秒，姚明被换下场，全场观众起立，给他们心目中的英雄报以最热烈的掌声。终场哨响之后，姚明在球迷们震耳欲聋的欢呼声中和队友紧紧抱在一起，兴奋之情溢于言表。

最终中国队以59：55力克德国队，将出线的命运牢牢掌握在自己手中。姚明斩获25分和11个篮板，并造成对手11次犯规，可谓居功至伟。此役过后，姚明在北京奥运会男篮比赛的得分和篮板两项数据上都高居榜首。

获胜之后的姚明异常激动，他在接受采访时表示："我感觉就像拿了奖牌一样。我们今天打得非常好，我为我们的球队感到骄傲。这是我们迈出的第一步。我们的队员很努力，大家好几年都在努力的训练，等的就是这一刻。"

"队友都是好样的，我们都是好样的。就像我们在比赛之前说的，我们把手放在一起，我们把自己交给这支球队。我们把这支球队扛在自己肩上，我们做到了。"

"我们终于从死亡之组突围了，我感觉非常好，这一刻我永远不会忘记！"

中国男篮主教练尤纳斯对姚明的表现赞不绝口："我们取胜的关键是防守，除了进攻，姚明在防守时的作用也很重大。我想这方面不需要我讲太多，他是我们最重要的球员，是我们的核心人物。"

中国男篮战胜诺维斯基领衔的德国队之后，世界各大通讯社也在第一时间对本场比赛进行了点评——美联社的题目是《姚明身兼核心和精神领袖》内容如下：

在一场戏剧化的比赛当中，姚明一人拿下了25分，率领中国队战胜了诺维茨基领军的德国队，保存着中国队进入八强的希望。

休斯敦火箭队的当家球星不仅是中国队的比赛核心，也是队中的精神领袖。他在比赛中不断地与队友撞胸和拍手庆祝激励队伍的士气。

法新社则盛赞姚明，它的评论文章为《姚明防守成定海神针》：

中国男篮的中锋姚明在一场防守大战中独得25分，率领自己的球队以59：55战胜诺维斯基领衔的德国队，这场胜利实际上确保了中国进入下一轮比赛。姚明在比赛还剩2分多钟时跳投得手，效力新泽西网队的前锋易建联在离比赛结束还有28.1秒时也跳投得中，帮助中国队锁定了这场比赛的胜利。

8月18日，中国男篮在奥运会小组赛最后一场比赛中迎来了欧洲劲旅希腊队。经过四节的苦战之后，希腊男篮以91：77取得胜利。姚明上场18分钟8投5中，得到16分和5个篮板。

为了保存体力，迎接淘汰阶段的比赛，中国队主教练尤纳斯有意识地在对希腊队的比赛中缩短了姚明上场的时间。整个下半场姚明大部分时间都在板凳席上度过。

最终中国队两胜三负，以小组排名第四的成绩杀进1/4决赛，他们的对手是A组排名第一的立陶宛队。

20日下午，中国男篮与立陶宛队的比赛正式打响。立陶宛队曾在四年前的雅典奥运会上击败过巨星云集的美国梦之队，是世界篮坛一支传统劲旅。球队核心是欧洲顶级组织后卫萨鲁纳斯·贾斯科维休斯。大敌当前，中国队面临着空前强大的压力。赛前，姚明特意将所有男篮队员拥在一起，激励大家：“勇气让我们走到现在，勇气决定我们最终能走多远！”“小巨人”的妻子叶莉也亲临现场，与前队友苗立杰一起为男篮呐喊助威。

姚明虽拿下全队最高19分和7个篮板，但最终中国队还是以68：94不敌立陶宛队，以第八名的成绩遗憾地结束了在北京奥运男篮比赛中的征程。

虽然中国队最终止步八强，没能更进一步，但球迷们还是把热烈的掌声送给了他们心目中的英雄。在赛后的新闻发布会上，姚明表示："我要谢谢大家，这次我们奥运会的路已经走完了，我非常高兴能有这段经历，虽然最后有些遗憾。这场比赛对手给我们施加了太大的压力。他们迫使我们去投很多难度很大的球。我们打得不是很好，他们表现得非常出色，我祝贺他们！没能打进四强我们很遗憾，我们今年是奔着记录而来的，希望能够打到第七、第六，甚至更好。但是我们遭遇了分组的困境，最后还是打进了八强，这个过程中我们得到了很多。"

在被问及伤病是否对自己的临场发挥有影响时，姚明表示："我的脚没什么，那么多比赛都打下来了。今天我们是抱着决心来的，凭着勇气走到了今天，而且勇气会指引我们走得更远。可是实力的原因，只能留些遗憾了。"

男篮的小伙子们敢于与世界强队放手一搏的良好精神风貌，让所有关心中国篮球的人都看到了球队美好的未来。姚明也用出色的战绩再度证明，他依然是世界上最优秀的中锋之一。在北京奥运会上，"小巨人"场均拿到19分，排名所有球员的第二位；场均篮板8.2个，位列第三。凭借精湛娴熟的球技和顽强拼搏的作风，姚明成为北京奥运星河中最璀璨的星辰之一。

火箭版三巨头

2008年休赛期，休斯敦城传来了一个震撼整个联盟的消息：火箭队用老将后卫鲍比·杰克逊、新秀东特·格林以及一个未来选秀权的微小代价，从萨克拉门托国王队换来了曾经的联盟最佳防守球员罗恩·阿泰斯特，与姚明、麦迪一起组成了休斯敦版本的BIG3（三巨头）！

阿泰斯特是NBA中最全面的锋卫摇摆人之一，身体条件出众，攻防俱佳。他斗志旺盛，拥有极为出众的力量、速度、抢断能力以及一流的防守技术；曾经荣获2003—2004赛季NBA最佳防守球员。他的加盟让休斯敦的球迷们看到了球队冲击总冠军的曙光。

新赛季，火箭队喊出了“Get Red”的口号。正在步入

◎罗恩•阿泰斯特（Artest Ron）：NBA球星。1979年11月13日出生于美国纽约市。在1999年的选秀大会上以第一轮第十六顺位被公牛队选中。曾先后效力于步行者队、国王队，2008年转会至休斯敦火箭队。个人荣誉：入选1999—2000赛季NBA“第二新秀阵容”。2003—2004赛季入选全明星，获得最佳防守球员，2005—2006赛季联盟抢断王。技术特点：联盟最全面的锋卫摇摆人之一，身体条件出众，攻防俱佳。他斗志旺盛，拥有极为出众的力量、速度、抢断能力以及一流的防守技术。最大的缺点是易怒。

职业生涯黄金年龄的姚明携手麦迪和阿泰，再次充满信心地向季后赛第二轮发起冲击。

2008年10月30日，姚明新赛季的首次亮相如期在丰田中心上演，对手是主力阵容刚刚经历大换血的孟菲斯灰熊队。最终火箭队主场82：71战胜对手，赢得开门红。姚明上场38分钟14投6中，得到全场最高的21分，外加10个篮板。

一天之后，火箭队又迎来了同处德州的老对手达拉斯小牛队。最终凭借“三巨头”的出色表现，火箭队客场以112：102力克小牛队，取得两连胜。姚明全场15投11中，豪取30分，13个篮板，另有3次助攻和2次封盖。阿泰斯特贡献29分，麦迪得到16分和7次助攻。

比赛之中，还发生了一个小插曲。比赛进行到第三节时，霍华德和姚明发生了争执，阿泰冲进现场将双方隔开。裁判一时间还以为阿泰是前来打架的，给了阿泰一次技术犯规。赛后谈到这次技术犯规时，阿泰说：“这种事情经常有，没有进一步的冲突，也没有谁被罚出场。这就是比赛的一部分。有人对姚挥肘子，我当然要做出反应。”

姚明则对队友的支持充满感激：“阿泰是个非常好的队友。季前赛就发生过一次这样的事情，这次又是。他想尽力帮助队友，甚至不惜牺牲自己。”

在经历了赛季之初的三连胜之后，姚明的状态开始陷入低潮。11月5日，火箭队在丰田中心迎战卫冕冠军波士顿凯尔特人队。尽管火箭队奋力拼搏，但最终还是功亏一篑，以99：103败下阵来。对手的贴身逼抢给姚明制造了很大麻烦，“小巨人”连续内线单打不中，全场14次出手只命中3

球。赛后，姚明沮丧地表示："今晚可能是我有史以来最差的一场比赛。"

11月7日，火箭队再度遭受重创。经过加时赛的鏖战，火箭队最终99：101惜败于波特兰开拓者队，遭遇两连败。姚明在比赛结束前1.9秒曾有一次精彩的打三分，几乎帮助球队奠定了胜局，可惜罗伊随即在三分线外远投命中，最终葬送了火箭队整场比赛的努力。11月10日，火箭队以82∶111负于洛杉矶湖人。姚明的手感依然不佳，仅得到12分和8个篮板，另有5次失误。麦迪斯更是11投仅1中。

随后，火箭队又以两分之差输给了德州邻居马刺队，彻底陷入低谷。姚明更是连续7场比赛得分没有达到20分。

经过主帅阿德尔曼的悉心调教，火箭队终于触底反弹。11月16日，火箭队在家乡父老的助威声中以91：82击败西部新贵新奥尔良黄蜂队。姚明与麦迪状态双双回升，"小巨人"得到21分和7个篮板，终于打破了连续7场得分不足20分的尴尬记录。

姚明在赛后的新闻发布会上欣慰地说："第四节一开始稍稍有点上一场的趋势，我们马上提醒自己记住昨天的教训，我们不想让那样的事情再度发生。"

以这场比赛为分水岭，火箭队开始全面提速，客场接连战胜奇才队、魔术队和热火队。姚明的表现也开始渐入佳境。在与联盟顶级中锋德怀特·霍华德的强强对话中，"小巨人"取得了22分和13个篮板的两双成绩，帮助火箭队客场全身而退。比赛结束前1分52秒，姚明凭借一记精准的跳投帮助火箭队将领先的优势扩大到6分，彻底粉碎了对手扳平

◎德怀特•霍华德（Dwight Howard）：NBA著名球星，绰号“魔兽”。1985年12月8日出生于美国乔治亚州亚特兰大市。在2004年选秀大会上以第一轮第一位被奥兰多魔术队选中。个人荣誉：2005—2006年NBA总篮板数第一。2007—2008赛季场均篮板第一。2008年全明星赛扣篮王。2008年北京奥运会男篮冠军队主力成员。2008—2009赛季，荣膺篮板王（场均13.8个）、盖帽王（场均2.9个），“年度最佳防守球员”。技术特点：拥有过人的身体素质，篮下脚步十分灵活，强劲的篮筐冲击力，正面切入具有极大威胁。

比分的梦想。在此后主场战胜以炮轰著称的金州勇士队的战役中，姚明更是砍下了赛季最高的33分、14个篮板和5次助攻，帮助球队在麦迪缺阵的情况下击退对手。

2009年1月18日，火箭队主场迎来了迈阿密热火队的挑战。麦迪与阿泰两员悍将双双高挂免战牌，姚明被迫独挑大梁。这场硬仗是对“小巨人”领导能力的一个严峻考验。最终火箭队主场93：86击退对手。姚明出战34分钟12投全中，斩获26分和10个篮板的两双战绩，星光熠熠。

赛后，姚明表示：“这种情况并不是每天晚上都会发生的，但我们今天的确发挥得不错。我能在接近篮下的地方拿到球，并且当时我充满了能量。”

半个赛季过后，火箭队以25胜16负的战绩排名西部第五。凭借自己出色的表现，姚明当之无愧地成为球队的领袖和核心。在进攻端，“小巨人”的内线强切依然是NBA列

强近乎无解的难题。在防守端，姚明也凭借稳健的发挥成为火箭队篮下不可逾越的一道万里长城。

2009年2月16日，凤凰城东西部全明星对抗赛正式拉开帷幕，姚明连续第七次代表西部首发。“小巨人”出场12分钟4投1中，得到2分3个篮板。对于姚明来说，全明星赛更像是一个热闹的派对，他更关心的是火箭队接下来的比赛。

在接受记者采访时，姚明笑着说：“大家提了很多关于火箭队的问题，这证明很多人关心我们、关注我们，很显然我们有29场比赛，我们必须冲一下了，冲击季后赛了。”

全明星赛后，姚明带领火箭队开始了2008—2009赛季最后的冲刺。他们接连战胜篮网、小牛、山猫以及开拓者等强队，将连胜的记录提高到了五场。

2月27日，火箭队在主场迎来了排名东部榜首的克里夫兰骑士队。在双方本赛季的首回合交锋中，做客速贷中心的火箭队经过血战最终铩羽而归（shā yǔ ér guī）。姚明在赛后摔下一句掷地有声的话：“我们休斯敦见！”此番再度碰面，火箭队能否报得一箭之仇?

比赛开始后，双方都在防守端投入重兵。在对手多人包夹之下，姚明的进攻显得步履维艰。而骑士队头号球星“小皇帝”勒布朗·詹姆斯在阿泰斯特和巴蒂尔两员悍将贴身“照顾”之下也准心全失，多次投篮均无功而返。路易斯·斯科拉连续强攻内线得手，帮助火箭队在第一节结束时以19：11领跑。

进入第二节，双方均换上替补阵容。火箭队球员查克·海耶斯在上场后不久就意外受伤，姚明不得不再度上阵

◎勒布朗·詹姆斯（LeBron James）：NBA著名球星，绰号“小皇帝”。1984年12月30日出生于美国俄亥俄州阿克伦市。在 2003年选秀大会上以第一轮第一位被克里夫兰骑士队选中。个人荣誉：2008年北京奥运会男篮冠军队主力成员。2008—2009赛季常规赛MVP。技术特点：拥有出色的运动能力和超强的身体素质，投篮命中率高。球场视野一流，可以在队友最需要的时候把球传出去，背后、击地样样都驾轻就熟。运球能力强于一般组织后卫，突破犀利。有一定背身单打技巧。

作战。经过首节的沉寂之后，“小巨人”的进攻渐入佳境。姚明频频强攻本·华莱士得手，单节狂揽12分。凭借他的出色发挥，火箭队在中场休息时以45：40领先。

下半场易地再战，火箭队攻势不减。姚明连续打三分成功，帮助球队将领先优势进一步扩大。反观骑士队，不但在防守端办法不多，詹姆斯更是在第三节刚开战不久就在姚明身上吃到第四次犯规。本节战罢，火箭队以68：50领跑。

进入最后一节，姚明下场休息，火箭队的内线防守强度一时大为降低，伊尔戈斯卡斯乘机连续强攻篮下得到6分，双方的分差被逐渐缩小。见势不妙，阿帅只得再度将姚明派上场。韦弗内外线连续投射建功，帮助火箭队再度控制了场上局势。詹姆斯强行上篮，被姚明一记火锅狠狠盖下，韦弗快攻再添三分，比赛胜负至此已提前失去悬念。姚明提前下场休息，全场观众对他的精彩表演报以热烈的掌声。

最终火箭队93：74大胜骑士，取得六连胜。姚明15投13中，取得全场最高的28分，另外还抓下了8个篮板。74分也创下了骑士队2008—2009赛季的最低得分记录。

挑翻东部领头羊后，“小巨人”表达了自己对季后赛的信心：“这是一场重要的胜利。骑士队是这个联盟最好的团队之一，拥有最好的队员。今天是一个对我们究竟能在未来走多远的良好测试。”

最终，火箭队以54胜28负的战绩连续第三年杀入季后赛。姚明共出场77次，场均得到19.7分、9.9个篮板和1 9次盖帽，投篮命中率达到了54 8%。虽然平均得分略有下降，但他掌握比赛的能力大大增强了，与队友间的配合也更加默契。在比赛中，我们多次看到姚明跑到高位为同伴做策应挡拆的镜头。在麦迪因伤缺席季后赛的情况下，姚明毫无争议地成为决定火箭队最终命运的攻防核心。

突破！叹息的墙壁

在古代希腊神话中，有一个动人的故事：在极乐净土和冥界之间，有一块叫做“叹息之墙”的墙壁，除了神谁都不能通过。在冥界的灵魂眼看着极乐净土就要在前面却被阻隔着，只能永远地望着叹息。

对于姚明和火箭队来说，面前仿佛也有一面无法冲破的叹息之墙。自2002年姚明加盟NBA以来，已经是第五次杀入季后赛了，每一次火箭队总是在季后赛第一轮就铩羽

◎波特兰开拓者队：NBA球队。主场所在城市为美国俄勒冈州波特兰市。1970年加入NBA。1977年，开拓者队在比尔•沃顿的率领下直冲云霄，奇迹般地夺下了总冠军奖杯，这不仅是球队历史上的首座奖杯，而且还是球队至今惟一拿到的一次总冠军奖杯。1990年和1992年由德雷克斯勒率领球队杀入总决赛，但分别被活塞队和公牛队击败，从而无缘总冠军。2007年夏天，开拓者队得到了被广泛看好的状元秀奥登，并换走了兰多夫，完成了球队的重建，他们期待能够重新成为西部的一支劲旅。

而归，留给球迷们无限的惋惜。2009年，姚明能带给休斯敦一个惊喜吗？

4月19日，火箭队与波特兰开拓者队的季后赛首场交锋拉开战幕。开场之后，姚明率先翻身后仰投篮命中，为火箭队开启攻势。回到防守端，姚明马上送给阿尔德里奇一记封盖。紧接着“小巨人”又勾手命中并造成对手犯规，打三分成功。姚明一人包揽了本队所得的前7分，将对手直接逼停。面对火箭队咄咄逼人的攻势，开拓者队被迫作出调整，安排普里兹比拉对姚明进行绕前防守。对手的变阵并没有影响姚明的手感，“小巨人”高位跳投命中，再添两分。第一节战罢，火箭队以34∶23领先。姚明5投全中，单节砍下12分。

第二节烽火再燃，火箭队换上替补阵容。半节过后，姚明再度登场，与他对位的是2007年的NBA状元秀格雷

格·奥登。

在这场新老状元的强强对话中，姚明占据了绝对优势。刚一上场，他就连造奥登两个犯规。开拓者队当家球星布兰顿·罗伊连续进攻得手，带领球队将比分追至37：44。关键时刻，姚明再度大显神威，他先是勾手投篮命中两分，随即又强攻内线造成对手犯规，两罚全中。小将布鲁克斯命中压哨球后，火箭队以62：44结束了双方上半场的争夺。

姚明在上半场9投9中，斩获24分和7个篮板。24分也创下了他个人在季后赛的上半场得分新高。

进入下半场，姚明犯规过多的隐患开始逐渐彰显。第三节时间刚过了一半，姚明就因积累犯规达到四次，被迫下场休息。好在开拓者队上半场比分落后太多，已经无力翻盘。

最终火箭队101：80轻取对手，在系列赛中先下一城。姚明上场24分钟9投全中，取得24分和9个篮板的准两双战绩，另外还送出了两记火锅。

赛后，火箭队主教练阿德尔曼对姚明的完美表现赞不绝口："他状态正佳，节奏完美。他后仰跳投，他跳起勾射，他面对面直接起手，他无所不能。"

队友巴蒂尔表示："这就是姚明的美妙之处，他的效率令人难以置信。在联盟中能完成这种表现的人没有几个，要知道他每次出手都投中了。"

负责盯防姚明的开拓者队中锋普兹比拉沮丧地表示："我们只在身后对姚进行防守，于是他几乎每次拿球都完成了进攻，所以下场比赛我们必须做一些调整。"

面对潮水般涌来的赞誉之词，姚明十分清醒，他深知对

手决不会甘心就此放弃。果然，在三天之后的两队第二场交锋中，开拓者队强劲反弹。刚一开场，姚明就深陷对手阿尔德里奇和普尔兹比拉两员大将的包夹紧逼防守之中。老将穆托姆博的意外受伤也打乱了火箭队的轮换节奏，迫使姚明过多地消耗了体力。奥登的表现也有所起色，在防守端给姚明制造了不少麻烦。最终火箭队以103：107惜败，双方总比分战成1：1。

4月25日，双方的第三场交锋在火箭队主场丰田中心举行。在比赛中，姚明继续受困于对手的绕前防守，“小巨人”在前两节就领到三次犯规，迫使他无法在下半场放手进攻。火箭队的外线几乎被封死，无法给姚明输送高质量的传球。整场比赛姚明只得到7分、13个篮板和3个封盖。好在斯科拉和巴蒂尔双双爆发，两人携手拿下35分，帮助火箭队涉险过关，以86：83力克对手，将总比分改写为2 1。

两天之后，火箭队与开拓者队的第四场比赛继续在丰田中心上演。刚一开战，姚明就扣篮得手，一扫上一场的颓（tuí）势。开拓者队则依靠罗伊精准的跳投回敬一波9：0的攻势，以11：4反客为主。面对开局不利的严峻形势，姚明再度发威。他先是单打奥登转身跳投奏效，随即又强攻篮下，两罚全中。在他的带领下，火箭队逐渐将比分反超。姚明在进攻中有意识地增加了跑动，队友也尝试用吊球为“小巨人”输送炮弹，起到了较好的作用。进入第二节，火箭队继续掌握着比赛的主动权。姚明在内线连续接队友吊球得分，帮助球队一路领跑。战至中场休息，火箭队以50：44领跑。

下半场战端再起，双方投篮命中率均有所下降。姚明转身勾手得分，率先开启了攻势。此后场上风云突变，罗伊连续投射命中，引领开拓者队打出一波11：0的攻击波，一举将比分反超。进入最后一节，姚明开始爆发，他连续强攻篮下轰得6分。终场前5分52秒，姚明单打普尔兹比拉勾手命中，帮助球队再度将比分反超。最终火箭队经过一番苦战，以89：88力克对手，在七局四胜制的系列赛中以总比分3：1领先，率先拿到赛点。

姚明在赛后的新闻发布会上表示，他不会因为总比分3：1就放松了："我们还有一场比赛需要去拿下，我们曾经身处过这样的境况，不管是2：0领先还是0：2落后，以我的经验来说，在拿下那场比赛之前，比分仍然是0：0，我们仍然处于同一起跑线上。"

果然，在4月29日双方的第五场交锋中，火箭队遭遇到了顽强的阻击。最终火箭队以77：88败下阵来，双方总比分被改写为2：3。姚明登场39分钟12投7中，取得15分、12个篮板的两双战绩。

5月1日，火箭队在主场迎来了决定命运的一役。球迷们蜂拥而至，连过道里都坐满了观众。所有人都希望见证火箭队获胜的历史性一刻。姚明也在接受采访时表示了志在必得的决心："我不能说这是最后的机会，但这是最好的机会。"

大赛之前，姚明与火箭队的球员们一起反复研究了此前的比赛录像，从中吸取教训。主教练阿德尔曼表示，火箭队的战术很简单，就是"给姚明传球，至少要让他接到球"。

姚明在谈到已队第六场的战术时也说，“把球传到内线，就这么简单。”

比赛刚一开始，火箭队就率先发起猛攻。姚明先是妙传内线空位的斯科拉上篮得分，随即又勾手强攻奏效，帮助球队以7：2先声夺人。开拓者队自然不甘心就此罢手，布莱克、奥尔德里奇以及普兹比拉多点开花，带领球队迅速将比分反超。双方由此展开拉锯战，比分一路胶着。

第一节结束前，姚明在内线强攻时被奥登绊倒，“小巨人”两罚中一，带领火箭队以21：19的小比分领先结束了双方首回合的争夺。第二节战火再起，火箭队攻势如潮。洛瑞与韦弗接连外线三分命中，帮助球队逐渐掌握了比赛的主动权。姚明在本节后半段上场后也有出色表现：他先是勾手投篮命中，随即又抢得进攻篮板后暴扣得分。中场休息时，火箭队已领先15分。

进入下半场，火箭队牢牢控制着场上局势。姚明连续跳投命中，带领球队一路领跑。最后时刻，“小巨人”还屡次扑地救球，敬业精神让人感动。随着终场时间的临近，丰田中心也变成了一片欢乐的海洋，球馆上空回荡着球迷们的欢呼声。

最终火箭队以92：76轻取对手，以总比分4：2在系列赛中晋级，12年来首次挺进季后赛第二轮。姚明16投8中，取得17分和10个篮板，外加2次盖帽。

新闻发布会上，姚明开心地笑了。他说：“这是我在NBA职业生涯中最大的胜利。过了第一轮，很高兴，感觉明天又是新的一天了。过去付出的一切，感觉都很值得，从

明天开始，就是新的一页，我们要再接再厉。这是对我很重要的一步，当最后时间逐渐消逝的时候，感觉是那么伟大，我仍旧不敢相信这是真的。

显然，我们还需要继续向前。”

在第六场比赛中，姚明多次上演倒地救球的感人场面。当赛后有记者问“小巨人”在比赛中为何要如此拼尽全力时，姚明表示：“当时，我们离胜利非常接近，我想让胜利离得更近一些。我们相信这种肢体原因，如果我们牺牲了自己，倒地救球，那么我给我的队友传递一个信息，我们一定要拿下胜利，胜利离我们如此之近。”

血战湖人

西部半决赛中，火箭队的对手是“小飞侠”科比领衔的西部卫冕冠军洛杉矶湖人队，这也是两队5年内第二次在季后赛中狭路相逢。双方上一次交锋是在2003—2004赛季，当时拥有多名天皇巨星的湖人队以总比分4：1战胜了火箭队。

赛前，各大媒体都一边倒地看好湖人队，甚至有人断言火箭队在四场比赛后就会被打趴下。刚刚走出季后赛首轮魔

咒的火箭队能改写历史，继续创造奇迹吗？

5月5日，火箭队与湖人队的首场较量在洛杉矶市斯台普斯球馆正式打响。姚明第一次进攻就迫使拜纳姆犯规，靠罚球为火箭队先拔头筹。随后他又勾手命中，再添两分。在“小巨人”咄咄逼人的攻势面前，湖人队被迫派上奥多姆和加索尔两员大将，对姚明进行紧逼防守。首节战罢，火箭队以21：18领先。

来到第二节，双方均换上替补阵容。本节后半段，姚明再度披挂上阵。刚一上场，他就在底线转身后仰跳投得手，帮助球队将领先优势进一步扩大。此后的比赛中姚明再度大显神威，横向转身摆脱防守队员后暴扣得分。上半场临近尾声时，湖人队整体状态有所恢复。费舍尔、科比和加索尔轮番出击，帮助湖人队在中场休息时将分差追至3分。姚明在前两节得到10分和5个篮板，并迫使湖人队的内线球员拜纳姆、加索尔和奥多姆各身背两次犯规。

下半场易边再战，火箭队攻势如潮。斯科拉与姚明连续进攻得手，帮助球队将领先优势扩大到9分。见势不妙，科比开始了个人表现。“小飞侠”内外线接连发飙，帮助球队迅速将比分追近。双方由此展开对攻战。第三节临近尾声时，姚明单打拜纳姆转身重扣得分，精彩异常。本节结束时，火箭队继续以3分的优势领跑。

进入最后一节，双方的拼抢更趋白热化。终场前4分54秒，科比在一次强攻内线时将姚明右膝下部撞伤，姚明的膝盖顿时肿了起来，被迫下场接受治疗。

此时火箭队以6分的优势领先，面对湖人队凶狠的反

扑，所有人都清楚地知道，姚明的离场对火箭队意味着什么。火箭队医琼斯扶着姚明向更衣室走去，但姚明在进入球员通道时停了下来，他不愿意就此放弃战斗。姚明对琼斯坚定地说："不，我不能回去。"他倚着墙壁活动了几下腿，然后咬牙坚持重返赛场。

姚明再度登场那一刻，斯台普斯球馆内的湖人球迷全体起立，为他的精神鼓掌喝彩，火箭队老板亚历山大更是感动得流下了眼泪。

球队领袖的归来也彻底点燃了火箭队球员的斗志。姚明先是接阿泰传球投篮命中，随即又四罚全中，彻底扼杀了湖人队翻盘的希望。

100：92！最终火箭队客场战胜了强大的湖人队，赢得了西部半决赛首场比赛的胜利。而姚明在受伤后重返赛场的感人一幕，也就此载入火箭队的史册，成为无数球迷心中永恒的经典。

整场比赛，姚明17投9中，斩获28分和10个篮板的两双战绩。他用自己的斗志和坚韧在全世界面前展现了百折不挠的男儿血性，带领火箭队为球迷们带来了一场激荡人心的胜利。

在新闻发布会上，火箭队主教练阿德尔曼表示："我必须说，这是一支顽强铁血的球队。姚明的表现为我们诠释了领袖的含义。我不知道队医给姚明做了什么，但是，他像岩石一样坚强地回来了，我们的确需要他在球场上。"

队友阿泰说："姚明实在太棒了，当他从通道重新走回球场上时，我感觉胜利又回来了！我们真的很需要他。

我以他的勇气为荣。他甚至没有走到更衣室，这时候时间太重要了，不在球场上或者是替补席上的每一分钟都会杀了他。他回到场上，我为他而自豪，他给予大家激励，知道我们需要他。”

面对教练和对手的赞誉，姚明依然是那么谦逊：“我被撞伤的时候就知道没什么大问题，只不过他（科比）的力度太大，所以我的整条腿都麻木了，就好像被打到了麻筋一样，手没法动了。我选择回来，那是一种对火箭队的肯定。因为，只有打出一定的成果来，大家才会认为火箭队是很有希望的球队。

5月7日，双方的第二场比赛继续在斯台普斯球馆举行。湖人队吸取了上一场的教训，在比赛中明显加强了对姚明的防守力度。上半场比赛结束时，姚明就已经领到了三次犯规。最终火箭队客场98：111不敌湖人队。姚明出场26分钟，得到12分和10个篮板。

两天之后，火箭队与湖人队的第三场比赛移师丰田中心。湖人队在开局阶段还是沿用上一场的战术，对姚明进行包夹和协防。火箭队则利用外线的三分始终紧咬比分。首节比赛临近尾声时，姚明也终于靠强打内线得到了两分。第二节时间近半时，姚明再度上场，他成功防守了加索尔的内线强攻。战至中场休息时，火箭队以两分之差落后。

进入下半场，姚明的体力明显下降。科比内外线连续投射得手，帮助湖人队逐渐将领先优势扩大。姚明的内线暴扣一度把分差缩小到6分，但科比随即远投命中还以颜色，再度将分差拉开。第四节最后时刻，姚明已经一瘸一拐了，但

他依然坚持在场上奋战。

最终火箭队以94：108输掉了比赛，姚明也在赛后被检查出左脚顶部有细微裂痕，被迫提前告别了他心爱的赛场。

在新闻发布会上，姚明的心情显得很平静："这次受伤，没有之前那么难受。之前几次受伤都是在赛季当中，特别是去年，连季后赛都打不了，心情特别糟糕。今年，这会儿受伤，也觉得挺背，但至少我们已经过了第一轮，进了半决赛。虽然我的目标没完成，但球队的目标算是完成了。"

虽然帮助火箭队完成了预定目标，但姚明心中的NBA总冠军梦还没有实现。新的赛季，姚明期待着能早日重返赛场，为祖国争取更多的荣誉。

第六章

七彩生活 多面姚明

- "小巨人"的爱情故事
- 多彩生活
- 中美友谊的使者
- 热心公益
- "我的根在中国!"

"小巨人"的爱情故事

1996年，16岁的姚明在上海体校篮球班的球场上第一次见到叶莉。秀发飘飘的叶莉不仅人长得白皙漂亮，投篮的姿势也非常优美。当时的"小巨人"还只是个青涩内向的懵懂（měng dǒng）少年，恋爱智商几乎为零，根本没勇气和叶莉多交流。

1998年，姚明入选上海篮球队，没想到在训练场上，他再次和叶莉不期而遇。原来叶莉也由体校晋升到了市队。从那天开始，姚明就经常守在体育馆门口看叶莉打球，等待叶莉训练结束后和她聊几句，有时两人还会探讨训练的心得体会。叶莉对篮球的执著和狂热深深地打动了姚明，两颗年轻的心开始慢慢靠近。

1999年，姚明进入国家队，不得不与叶莉分开。四个月后，叶莉也通过自己的刻苦训练入选了国家女篮，两人终于可以再次天天见面了。

入选国家队不久，叶莉就在一次训练中不幸受伤。在那段叶莉情绪最低落的时候，是姚明给了她精神上的安慰。每天姚明都会给叶莉发短信或者讲个笑话，鼓励她振作起来。经过这次风波，两人的关系更加融洽了。

2002年，姚明以状元秀的身份进军NBA。出发之前，叶莉特意将一根红绳套在姚明的左臂上。到美国后，姚明时刻都戴着它，这根红绳也成了"小巨人"比赛时身上惟一的配饰。叶莉过生日那天，姚明也没忘记托朋友送给叶莉两大

箱毛绒玩具。

姚明在国家队时的号码是13号，可他加盟火箭队的时候，却特意挑选了叶莉在中国女篮打球时的号码11号。姚明还对自己的蓝色宝马进行了改装，把“YY~11”的标志镶嵌在车尾。“YY”是姚明和叶莉姓氏拼音的首个字母，“11”则是两人的球衣号码。“小巨人”用这种独特的方式表达自己对远在大洋彼岸女友的思念。

不久，叶莉在一次比赛中再次受伤，前往美国治疗。在叶莉康复的日子里，姚明每天比赛结束以后就留在家里陪她说话，还带叶莉去参加了当地职业女子篮球队的训练。看到女友的球技进步神速，姚明调侃说：“你照这样练下去，几年后球技一定很棒。到时候人们会改口说，叶莉的男朋友叫姚明。”

伤愈之后，叶莉又回到了上海队。因为比赛太忙，姚明和叶莉只好用短信联络感情。

2004年，叶莉本来有机会到美国打球，可为了备战即将到来的雅典奥运会，最终还是没有成行。两人只好继续着两地分居的生活。

2004年仲夏的雅典，凉风习习，星光璀璨。在举世瞩目的奥运会闭幕式上，叶莉和姚明手牵手一起走进体育场，在全世界面前公布了他们的恋情。

退役之后，叶莉来到美国，这对分开多年的恋人终于开始了自己的幸福生活。在姚明受伤的日子里，叶莉一直陪伴在他的周围，无微不至地照顾他。姚明的父母也对这个朴素勤劳的儿媳十分满意，姚志源曾幽默地说：“如果你们说叶

莉是阳光女孩，那我们姚明就是巧克力男孩咯！”

2007年的8月6日，姚明与叶莉在上海香格里拉酒店举行了盛大的婚礼，这对体坛情侣终于正式步入婚姻的殿堂。此时距离两人初次见面已经过去整整11年了。

许多球迷在为姚明和叶莉的幸福开心的同时，也开始盼望两人未来的爱情结晶早日降临。2.26米的姚明和1.90米的叶莉，他们的孩子会有多高？有人估算，“小姚明”的身高将有可能超过2.30米呢！

多彩生活

姚明在休斯敦的家坐落在市中心西部景色优美的温瑟湖畔，是一幢面积超过300平方米的阿拉伯式别墅。为了让姚明没有后顾之忧，他的父母专门来到美国，照顾他的日常饮食起居。随着儿媳妇的到来，姚志源和方凤娣也有了更多的空闲时间。现在帮姚明打点服装的事，已经转交给叶莉了。

篮球运动员出身的姚志源酷爱体育运动，他经常去附近的健身中心进行身体锻炼。每逢重要比赛，姚爸爸还会专程到火箭队的主场丰田中心为儿子呐喊助威。母亲方凤娣在每天安排好姚明的一日三餐之余，喜欢阅读。最令姚妈妈欣慰的还是姚明的孝顺："每次打客场，他一定会打电话给我报平安，即使结婚了，也没变过。"

此外，姚明的父母和几位在休斯敦当地的华人朋友还在休斯敦西城区最繁华的高档餐饮街威斯海默街9755号上开设了一家名为"姚餐厅"的特色餐馆。在有NBA比赛的日子，球迷们可以在这里一边品尝地道的中国美食，一边为火箭队的精彩表现加油助威。

有趣的是，餐厅里还供应姚妈妈的一些拿手菜，像"姚妈妈馄饨汤"、"姚妈妈鸡汤"等。这些菜都是根据姚妈妈的独门配方精心烹饪的，很受顾客的欢迎。姚明曾经对记者称赞妈妈煮的鸡汤是世界上最美味的食物，所以许多球迷都慕名前来一饱口福。

比赛之余，姚明最大的爱好是打电脑游戏和上网冲浪。

“小巨人”会经常和球迷在网上交流对近期比赛的一些看法。在一个网站上，姚明还用自己的真名作为网络名。有趣的是，几乎没有人相信是姚明本人在上网。

出人意料的是，姚明从来不玩篮球游戏。在记者问及姚明对一款叫做“NBA2009”的游戏的看法时，姚明幽默地回答：“我从不玩篮球游戏！自己已经在打篮球了，还要玩这虚拟的篮球游戏，多没劲！”

2009年6月，姚明应邀回国为国产动画片《马兰花》担任配音工作。片中姚明担纲配音的角色“老爹”是一个以采药为生的可爱老顽童。在新闻发布会上，姚明笑着说：“这是个超过我年龄的角色，他们还说我的声音特别适合

这个角色，我当时的第一反应是，我有那么老吗？我还不是一名父亲。”

在谈到第一次接触配音工作的感受时，姚明连呼不易：“我说得口干舌燥，觉得比我一天说的话还要多，而且还要加上丰富的感情色彩来配音。幸亏有导演一直在鼓励我，指导我。为了让广大观众满意，我可是狠练了一把标准的普通话。不过到底配得好不好，还请大家去看看电影吧。”

姚明之所以首度献身荧幕，主要是想为慈善事业尽一份绵薄之力。他配音所得的收入将全部捐赠给上海特殊关爱基金会。

中美友谊的使者

在NBA的赛场上，姚明用精湛的球技证明了自己的实力。球场之外，姚明表现得更加杰出。作为在美国最著名的中国人之一，姚明成为中美之间文化交流的一座桥梁。“小巨人”那平易近人的个性，风趣幽默的谈吐，略带一丝羞涩的笑容，都让人发自内心的喜爱。从他身上，美国民众感受到了中华民族的诸多优点：善良、谦逊、礼貌、热情、进取……

美国白金绅士体育娱乐公司主席奇曼评价说：“除了迈克尔·乔丹，还没有哪位运动员具有如此广泛的国际影响力，特别是在远东地区，这种现象更明显。更重要的是，姚明品行非常端正，他不打算给自己脸上抹黑，对于商家来

说，他不像其他的NBA球员那样具有很高的风险，他是一名完美的代言人。"

火箭队前主教练汤姆贾诺维奇表示："姚明的一些事情让人感到舒服。我们喜欢他。姚明很容易就会微笑，这让人感到舒服。在他身边，你会有个好心情。"火箭队前后卫诺里斯说的话是最好的注解："姚明就像是我一直渴望的兄弟一样。"

此外，姚明还有着过人的思维和语言天赋。"小巨人"经常凭借他那天生的幽默感在媒体面前妙语连珠，引人莞尔。当被问及火箭队的前任主教练汤姆贾诺维奇和范甘迪到底有什么不一样时，姚明认真地说："一个高点儿，一个矮点儿呗。"

当有记者问，姚明是否在雅典奥运会上彻底印证了自己的国际地位，姚明笑着说："唔，什么地位？现在上海滩体育圈的老大都不是我了，已经改成刘翔了。"

有人问，在NBA待了那么久，你喜欢过外国什么节日？姚明风趣地回答："我最关心的就是哪个节日能放假休息，所以哪个节日放假我就喜欢哪个。"

在与迈阿密热火队的比赛过后，姚明这样形容对方的凶狠："我的球衣都快成女人的晚礼服了。"

在几场低潮比赛过后，姚明这样回答记者的质疑："我真没有什么可以说的，篮球不是一项用嘴巴进行的运动，它需要你以行动证明自己。"

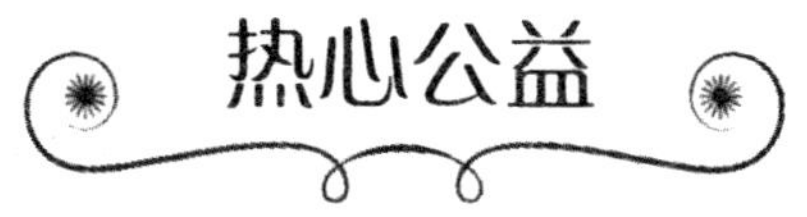

热心公益

身为NBA的顶级球星，姚明的收入十分可观。刚进NBA时，姚明就与火箭队签下了四年1780万美元的合同，他也由此一举成为中国最富有的运动员。2007—2008赛季，姚明的薪水涨到了1507万美元，并且还有大量的广告代言收入。据《福布斯》杂志评估，姚明仅仅2008年一年的收入就达到了5660万美元。

虽然已经跻身世界篮坛巨星行列，姚明却依然保持着一个普通球员的本色。从小父母就教育他，人穷志不穷，要勤俭持家。在姚明进入NBA之后，一家人住在价值几十万美元的别墅里，但姚明的母亲依旧亲自做家务，坚持不雇用人。父母的言传身教对姚明影响很大，姚明不仅自己生活朴实低调，招待朋友也是简单实在。

2005年，姚明从美国回到北京参加国家队集训。下飞机时，已是夜色阑珊，前来接机的朋友问他：晚饭怎么安排？没想到姚明竟然问道："训练局的食堂开没开，咱们去食堂吃吧！"话音未落，周围的人都笑了。有朋友开玩笑说，你现在都是亿万富翁了，还那么抠门啊？姚明一本正经地回答："省一点是一点嘛！"

日常生活"抠门"，但姚明并不是一个小气的人。姚明在休斯顿开了一家餐厅。有一次，一位记者采访麦迪，开玩笑地问："你跟队友们一起出去吃饭，一般是不是你把账单拿走结账啊？"麦迪吐了一下舌头，坏笑地说："不，我们

一般都会把账单塞给姚明，他的薪水最高，而且，还刚签了一个大合同。哈哈！”由此，也能看出姚明不仅人缘好，也很大方。而在公益事业方面，姚明更是比谁都尽心尽责。无论是慈善捐款、救助灾区，还是支援西部教育事业，他总是慷慨解囊，经常一次就捐款几十万。

2003年，中国抗击非典型性肺炎（SARS）。在与上海电视台共同发起的捐款活动中，姚明个人就捐了50万人民币，是这次活动中最大的一笔捐款。“小巨人”还带动了不少NBA的球星捐了款，他的队友弗朗西斯捐了一万美元。此外，姚明还为上海电视台录制了抗击非典的公众服务通知，出席了送别上海63名军队医护人员奔赴北京支援非典抗击行动的典礼。

在2003年NBA的季后赛中，姚明竭尽全力为祖国筹集资金抵抗非典型性肺炎（SARS）。通过一部他主演的系列电视片，他筹得了约30万美元用以帮助抵抗疾病。

2005年9月4日下午，姚明与中国男篮的教练、球员们专程赶往中国人民大学逸夫会议中心，参加“中华骨髓库校园爱心之旅”启动仪式，并现场抽取造血干细胞，成为捐献造血干细胞的志愿者。

2005年9月22日，姚明前往香港参加关于艾滋病的宣传活动，传达“艾滋病是敌人，但艾滋病病人是朋友”的主旨。

2007年9月13日，姚明和纳什发起“明纳众爱，星暖中国”慈善拍卖晚宴，并将700万募集款全部用于慈善事业。

2008年5月12日，中国四川汶川县发生8.0级的特大地震，7.8万人瞬间被夺去了生命。地震也牵动了远在大洋彼岸的姚明的心。汶川地震之后，姚明捐款总额近1600万人民币，并在奥运队之后的9月14号亲自到地震灾区慰问。

姚明非常喜欢电影《蜘蛛侠》中的一句台词："巨大的力量带来了巨大的责任。"在这个纷乱浮躁、拜金主义丛生的年代，姚明用自己的实际行动向我们诠释了应该如何善用财富，如何对待人生。

"我的根在中国！"

"当我的NBA生涯结束后，我会回中国生活。为了来NBA打球，我经历了很多，但如果你让我在NBA和在中国国家队打球选择其一，我的选择一定是中国国家队。"

——姚明

在公众心目中，姚明永远都是温文尔雅、面带微笑的。然而2004年的雅典奥运会上，球迷们感受到了姚明勇敢的一面。在首战失利之时，面对队友的懈怠和懒散，姚明站出来大声指责："奥运会机会难得，但我们不懂得珍惜。别把自己当爷，这里不是地方队！"他还借用鲁迅先生的名言鼓励队友们："不在沉默中爆发，就在沉默中灭亡！"在战局不利的危急时刻，姚明勇敢地选择了尽自己的责任，说出了真话，展现了一个热血男儿的拳拳爱国之心。

半决赛与韩国的对决中，姚明再次血染赛场，"小巨

人”的右臂被对手抓破，淌出了血。虽然再度挂彩，姚明依旧镇定自若。即使在场下休息的时候，姚明也没有忘记给队友们鼓掌加油。他用自己奋勇拼搏的顽强斗志，影响教育着年轻队员们。

北京奥运会前，姚明不幸左脚骨折，当时距离奥运会开幕只剩下不到半年时间了。美国医生建议姚明放弃参加北京奥运会的机会，以免伤势恶化，威胁到他的运动生命，姚明毫不犹豫地拒绝了，他表示：“如果不能参加北京奥运会，将是我一生最大的遗憾。”

美国《华盛顿邮报》就此事专门撰文，对姚明忠诚爱国的精神给予了高度的赞扬。文章称，中国男篮在北京奥运会中夺取金牌的机会并不大。球迷们甚至表示，如果中国队可以在12支竞争队伍中突出重围杀进前5名或是前6名的行列，那么他们就会非常高兴了。

正是姚明的及时回归，增强了中国队的实力，使中国人民对胜利有了更多的信心。如果姚明能够证明，中国人在篮球领域是多么的出色，那么自然而然，他们就将赢得最强对手美国队的尊重。

1998年，姚明入选蒋兴权执教的中国男篮集训队，第一次身披国家队战袍出战。从那时起，每次中国男篮需要他，姚明都会听从召唤，义无反顾地代表国家出征。奥运会、世锦赛、大运会、亚运会、亚锦赛……参加过多少次战役，姚明自己也数不清了。

每当听到雄壮的《义勇军进行曲》在球馆上空回荡，姚明说，他就会感受到胸中的热血在沸腾。能为国家争取荣

誉，是他一生的追求。

中央电视台在将姚明评选为2002年度感动中国十大人物之一时，曾经这样评价：姚明用高超的体育技能，在一个强手如林的国家运动项目中占有了一席之地，成就了很多人的梦想，更成为中国人的骄傲。他出色的表现和随时听从祖国召唤的爱国精神，使他带给人们的思考已经远远超过了体育本身。对祖国的情感，对现在的把握和对未来的期待，都将使他成为中国体育和NBA的历史人物。

“长风破浪会有时，直挂云帆济沧海。”让我们一起祝福姚明早日实现夺取NBA总冠军的梦想，在今后的比赛中带给我们更多的惊喜和感动！

姚明生平大事年表

1980年　9月12日　出生于上海。

1989年　进入徐汇区业余体校接受训练。

1992年　小学毕业，进入全日制的徐汇区少体校接受正规训练。

1997年　入选国家青年队，获亚洲青年男子篮球锦标赛冠军。

1998年　4月　入选国家队。

1998年　5月　赴美国印第安纳波利斯参加耐克夏令营的篮球训练。

1999年　参加全国男篮甲A联赛，代表上海队与队友合作，获第五名。

1999年　8—9月　参加在日本举行的亚洲男子篮球锦标赛，与全队配合重新夺回亚洲男篮锦标赛冠军宝座。

2000年　2月　入选1999年亚洲全明星队。

2000年　3月　参加1999～2000年全国男篮CBA联赛，与上海队队友合作获得第二名。

2000年　3月　获1999～2000赛季全国男篮CBA联赛篮板、扣篮、盖帽三个单项奖。

2000年　9月　参加在悉尼举行的第27届奥运会男篮比赛，与队友合作获第十名。

2001年　4月　参加2000～2001年全国男篮CBA联赛，与上海队队友合作获得第二名。

2002年　参加世界男子篮球锦标赛，代表中国队获得第十二名。

2002年　代表上海东方队获得中国男篮CBA联赛冠军。

2002年　6月　成为NBA选秀的第一名，即状元秀。

2002年　10月　获亚运会男子篮球亚军。

2003年　10月1日　率领中国男篮拿到亚锦赛冠军，同时获得雅典奥运会入场券。

2004年　8月　参加在雅典举行的第28届奥运会男篮比赛，与队友合作获第八名。

2006年 参加世界男子篮球锦标赛，与队友合作进入十六强。

2008年 8月6日 在北京参加奥运圣火传递。

2008年 8月 参加在北京举行的第29届奥运会男篮比赛，与队友合作获第八名。

2009年 5月1日 NBA生涯中第一次进入季后赛第二轮。

2009年 5月5日 在对湖人队的西部半决赛第一场中受伤，经过调整后执意冲回赛场，并最终带领火箭队取得胜利。

2009年 5月10日 左脚骨裂，2009～2010赛季取消。